海洋石油作业安全培训教材

稳性与压载技术

中海油安全技术服务有限公司　组织编写

　主　编：任登涛

副主编：宋　杰　杨立军

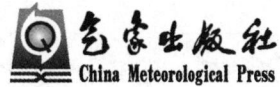
气象出版社
China Meteorological Press

内容简介

本书是《海洋石油作业安全培训教材》丛书的一个分册，从法律法规和规章入手，在阐述相关人员专项培训必要性的基础上，对海上平台拖航、就位和升降船作业的风险和危害因素进行识别与分析，并介绍了对海上作业非常重要的天气信息相关知识，平台作业的一般做法与程序，船舶性能、稳性计算、调载等概念和计算，以及自升式平台的相关操作，最后结合真实的事故案例，分析事故发生的原因及应对措施。本书可供海洋石油作业人员培训使用，也可供相关负责人和安全管理人员工作参考。

图书在版编目(CIP)数据

稳性与压载技术/任登涛主编．--北京：气象出版社，2020.8

海洋石油作业安全培训教材

ISBN 978-7-5029-7245-5

Ⅰ.①稳… Ⅱ.①任… Ⅲ.①船舶稳定性—安全培训—教材②船舶压载—安全培训—教材 Ⅳ.①U661.2

中国版本图书馆 CIP 数据核字(2020)第 144996 号

Wenxing yu Yazai Jishu

稳性与压载技术

出版发行：气象出版社	
地　　址：北京市海淀区中关村南大街 46 号	邮政编码：100081
电　　话：010-68407112(总编室)　010-68408042(发行部)	
网　　址：http://www.qxcbs.com	E-mail：qxcbs@cma.gov.cn
责任编辑：张盼娟　彭淑凡	终　　审：吴晓鹏
责任校对：王丽梅	责任技编：赵相宁
封面设计：楠竹文化	
印　　刷：三河市百盛印装有限公司	
开　　本：710 mm×1000 mm　1/16	印　　张：8
字　　数：206 千字	
版　　次：2020 年 8 月第 1 版	印　　次：2020 年 8 月第 1 次印刷
定　　价：30.00 元	

本书如存在文字不清、漏印以及缺页、倒页、脱页等，请与本社发行部联系调换。

《海洋石油作业安全培训教材》编审委员会

编写委员会

主　　任：李　翔

副 主 任：赵兰祥　魏文普　章　焱　杨东棹　陈　戎
　　　　　刘怀增　元少平　任登涛

委　　员（按姓氏笔画排序）：
　　　　　王　恒　王洪亮　付　军　朱荣东　朱海龙
　　　　　刘　键　关　欣　孙宗宏　李　强　李新军
　　　　　杨立军　宋　杰　宋　晨　张　林　张　磊
　　　　　陈国锋　周向京　胥　源　唐明真　葛　坤
　　　　　粟　驰　路有余　谭　昆　谭志强　魏晓康

审定委员会

主　　任：王　伟

副 主 任：焦权声

委　　员（按姓氏笔画排序）：
　　　　　马海峰　王　钊　王　琛　王　超　王　辉
　　　　　王旭辉　王新军　冯　权　刘　海　刘　强
　　　　　刘莉峰　李松杰　邱煜凯　何四海　余红丽
　　　　　张绍广　陈　强　依　朗　金　鑫　赵德喜
　　　　　秦　鹏　钱立峰　徐瑞翔　黄远雷　韩丰欣

本册主编：任登涛

副 主 编：宋　杰　杨立军

编写人员：苗红凯　谭志强

前　言

随着世界经济的发展，各国对能源的需求稳步增长，世界石油行业面临着极大的挑战。全球油气储量增长乏力，远远无法弥补每年的开采量，然而全球的油气消费量仍以较快的速度增长。再加上陆地石油资源危机问题日渐突出，因此急需寻找储量的接替区域。海洋石油资源量约占全球石油资源总量的34%，所以未来石油界的希望应该在海上。

海洋石油行业具有"四高一专"的行业特色，即高科技、高投入、高回报、高风险和专业化。海上石油勘探、开发是高风险产业，除具有陆地石油勘探、开发的全部风险外，还具有海上作业特有的风险，如热带气旋、流冰、风暴潮和惊涛骇浪等自然现象带来的风险。有些是陆地石油的勘探、开发不曾遇到或不需认识的自然现象。其中，海上石油勘探与开发钻井平台的拖航、就位和升降船作业是受这些自然条件影响最大的海上作业之一。为了降低海洋自然条件对平台拖航、就位和升降船作业过程中的影响，规避海洋自然现象带来的风险，避免重大事故的发生，对初涉海洋石油勘探、开发，特别是与钻井平台拖航、就位和升降船作业有关的人员进行海洋气象知识，钻井平台的拖航、就位、升降船作业及稳性计算、压载专项技术培训，经考试合格取得专项培训合格证书才能上岗，是作业前必须经过的程序；是贯彻国家安全监管总局海洋石油安全作业办公室颁布的《海上移动式钻井平台和油（气）生产设施一般安全管理规则》的具体措施；是贯彻"安全第一、预防为主、综合治理"安全生产方针的具体体现。

为了满足海洋石油行业的不断发展对海上作业人员安全和技能培训的要求，增强培训内容的针对性和实用性，我们根据《海洋石油安全管理细则》第92条的要求，参考《海洋石油安全生产规定》(2015年修正)、2012年1月1日生效的《海上拖航指南》等专业内容，结合海洋石油作业的实际情况，组织编写了本书。

本书共分七章：第一章介绍了现行有效的相关法律、法规及规章，从法理上阐述了对平台拖航、就位和升降船有关人员任职前进行专项培训的学法和执法的必要性以及要求；第二章对平台拖航、就位和升降船作业过程中的风险和危害因素进行了全面识别和科学分析，并提出规避风险和降低、消除事故的具体措施；第三章介绍了天气信息方面的基本知识；第四章介绍了中国海洋石油目前钻井平台拖航、就位和升降船的一般做法和程序；第五章阐述了有关船舶性能、稳性计算、调载和预压载的基本概念和名词解释，在读者掌握理解的基础上，讲解了拖航前稳性计算的步骤和方法及内插计算方法；第六章阐述了自升式平台的相关操作；第七章结合真实的事故案例，生动地展示了平台拖航、就位和升降船作业过程存在的风险源和危害因素，并分析事故发生的原因，以及避免类似事故再次发生的措施。

本书是为海洋石油钻井平台经理，设备监督、稳性或压载工程师，海事师和安全监督员，平台拖航、就位和升降船有关的人员上岗前编制的专项培训教材。在海洋石油勘探、开发中钻井平台的拖航、就位和升降船作业过程中存在着重大风险源，作业牵涉的技术面广，作业单位多，与天气海况关系密切。希望从事海洋石油勘探、开发的人员不断学习有关海洋和船舶的科学知识，不断地总结经验和教训，掌握海洋的自然规律和船舶性能，严格遵守有关法律法规的规定，避免海上重大事故的发生。

由于水平有限，本书难免存在不当之处，还请读者不吝指正。

本书编委会
2020 年 3 月

目 录

前言

第一章 相关法律法规 …………………………………………（ 1 ）

第二章 平台作业危害辨识与分析 ……………………………（ 3 ）

第三章 天气信息基本知识 ……………………………………（ 6 ）
 第一节 气象常识 …………………………………………（ 6 ）
 第二节 风和浪 ……………………………………………（ 9 ）
 第三节 海洋上的雾 ………………………………………（ 15 ）
 第四节 海上灾害 …………………………………………（ 17 ）
 第五节 气象传真图 ………………………………………（ 21 ）

第四章 移动式平台拖航、就位、升降船作业 ………………（ 32 ）
 第一节 拖航小组 …………………………………………（ 32 ）
 第二节 降船拖航作业 ……………………………………（ 33 ）
 第三节 拖航状态时的作业安全 …………………………（ 37 ）
 第四节 拖航期间应急措施 ………………………………（ 38 ）
 第五节 平台就位与升降船作业安全 ……………………（ 39 ）

第五章 平台拖航稳性计算 ……………………………………（ 43 ）
 第一节 拖航稳性基本知识 ………………………………（ 43 ）
 第二节 拖航稳性名词解释 ………………………………（ 46 ）
 第三节 稳性分类 …………………………………………（ 52 ）
 第四节 拖航稳性相关方法及指标计算 …………………（ 54 ）
 第五节 稳性计算 …………………………………………（ 63 ）

第六章 自升式平台 ……………………………………………（ 77 ）
 第一节 对桩脚负荷的预测和校核 ………………………（ 77 ）

第二节　压载计算 …………………………………………（ 80 ）
　　第三节　钻井作业状态的稳性 ……………………………（ 94 ）
　　第四节　风暴状态下的稳性 ………………………………（ 95 ）
　　第五节　自升式平台稳性计算的通常方法 ………………（ 96 ）
第七章　事故案例分析 …………………………………………（104）
参考文献 …………………………………………………………（120）

第一章　相关法律法规

一、中华人民共和国海上交通安全法

为加强海上交通管理，保障船舶、设施和人命财产的安全，维护国家权益，1983年9月2日中华人民共和国主席发布第7号主席令，颁布第六届全国人民代表大会常务委员会第二次会议通过的《中华人民共和国海上交通安全法》，并于2016年11月7日第十二届全国人民代表大会常务委员会第二十四次会议《关于修改〈中华人民共和国对外贸易法〉等十二部法律的决定》予以修正。相关条款规定如下：

第七条　船长、轮机长、驾驶员、轮机员、无线电报务员话务员以及水上飞机、潜水器的相应人员，必须持有合格的职务证书。

其他船员必须经过相应的专业技术训练。

第十六条　大型设施和移动式平台的海上拖带，必须经船舶检验部门进行拖航检验，并报主管机关核准。

二、中华人民共和国船舶和海上设施检验条例

为了保证船舶、海上设施和船运货物集装箱具备安全航行、安全作业的技术条件，保障人民生命财产的安全和防止水域环境污染，中华人民共和国国务院于1993年2月14日颁布第109号令，发布《中华人民共和国船舶和海上设施检验条例》。相关条款规定如下：

第十一条　中国沿海水域内的移动式平台、浮船坞和其他大型设施进行拖带航行，起拖前必须向船检局设置的或者指定的船舶检验机构申请拖航检验。

三、海上移动式钻井平台和油（气）生产设施一般安全管理规则

1989年11月7日，为全面贯彻《中华人民共和国石油工业部海洋石油

作业安全管理规定》,海洋石油安全作业办公室颁布《海上移动式钻井平台和油(气)生产设施一般安全管理规则》。第5条"安全教育、安全培训和安全演习"相关条款规定如下:

5.6 钻井平台经理和浮式生产储油装置的船长、稳性或压载工程师和操作人员应经过稳性计算和压载技术的培训,并持有培训合格证书。

四、海洋石油安全管理细则

为了加强海洋石油安全管理工作,保障从业人员生命和财产安全,防止和减少海洋石油生产安全事故,根据《安全生产法》等法律、法规和标准,2009年9月7日国家安全监管总局令第25号公布《海洋石油安全管理细则》,并于2013年8月29日国家安全监管总局令第63号和2015年5月26日国家安全监管总局令第78号进行修正。相关条款规定如下:

第九十二条 稳性压载人员(含钻井平台、浮式生产储油装置的稳性压载、平台升降的技术人员)应当接受"稳性与压载技术"的培训,培训时间不少于36课时,并取得培训合格证书。每4年应当进行一次再培训。

五、海洋石油安全生产规定

为了加强海洋石油安全生产工作,防止和减少海洋石油生产安全事故和职业危害,保障从业人员生命和财产安全,根据《安全生产法》及有关法律、行政法规,2006年2月7日国家安全监管总局令第4号公布《海洋石油安全生产规定》,并于2013年8月29日国家安全监管总局令第63号和2015年5月26日国家安全监管总局令第78号进行修正。

第二章　平台作业危害辨识与分析

平台作业的危害辨识主要涉及三个方面,包括拖航作业、就位作业和升降平台作业。每项作业的危害因素、可能导致的复杂情况和事故,以及应对措施各有不同,详见表 2.1。

表 2.1　平台作业危害辨识与分析

作业项目	危害因素	可能导致的复杂情况和事故	应对措施
拖航	平台重心偏移	平台负载分布不均匀和平台倾斜,降低平台抗倾覆性能,遇有恶劣天气时在风浪流的作用下,平台结构易受损,导致平台倾覆	拖航前做好平台的调载和配载,保持平台左右两舷吃水相同,一般艄吃水小于艉吃水 300～500 mm。各部分结构受力均匀
	平台重心高度超出平台许用重心高度	遇有恶劣天气时在风浪流的作用下,易导致平台倾覆,人员伤亡	拖航前做好平台稳性计算,按计算结果对照操船手册的许用重心高度,进行调载和配载,确保平台稳性安全
	平台井架、桩腿、临时设备、钻具、配件及物资固定不牢固	遇有恶劣天气,由于船舶的颠簸,可能导致设备损坏、物资丢失,损坏平台结构和密封,砸伤人员,甚至导致平台沉没	拖航前分专业逐项进行固定,并派专人进行检查、记录
	超过平台允许拖航可变载荷(也称荷载)	平台超过允许的可变载荷,降低了平台的稳性和干舷高度,遇有恶劣天气时,容易导致平台翻沉	严禁超载,杜绝此类事件发生

续表

作业项目	危害因素	可能导致的复杂情况和事故	应对措施
拖航	龙须缆、过桥缆、三角板等拖具存在欠缺未及时查出,无备用拖缆	拖航时发生断缆,平台失去控制,随波逐流,导致平台触礁、搁浅,与其他船舶碰撞,甚至翻沉	拖航前做好主拖缆的检验工作
	恶劣情况	热带气旋、流冰等恶劣情况是拖航过程中发生恶性事故的根源。当超出了拖航船和平台的抵御能力时,将会发生断缆、船舶碰撞、触礁、搁浅事故,甚至平台翻沉	制定拖航计划时应向有关气象部门索取天气预报资料,并做好接收天气预报的工作,确保拖航和升船作业期间的天气状况在操船说明书允许的范围内。杜绝抢风头、赶风尾的侥幸心理
	舱盖、水密门各通风筒的风闸密封不好、关闭不严或没关	遇恶劣情况或发生碰撞时船体损坏,导致船体进水和各舱连通,甚至导致平台沉没	拖航前派专人逐一按规定对其进行关闭和检查
	救生艇、救生筏等救生设施配备不足或人员不会使用	在需要弃船时人员不能安全逃生	按规定配备救生设备、设施,人员经过救生培训取证,并定期进行弃船演习
	拖航航道不清	新区或近海拖航,未事前对拖航航道进行探测,导致触礁、搁浅或平台翻沉	提前掌握拖航航道相关数据资料
	没准备堵漏器材或准备不足、不全	由于碰撞、搁浅或触礁造成船体损坏导致船体进水时,自己不能堵漏施救	按规定准备堵漏器材,并妥善保管
	指挥混乱	拖缆断裂、船舶碰撞、平台倾覆	成立统一的拖航小组,任命组长,明确责任
就位	井场风浪流超过就位要求	井场的风浪流超过就位设计要求,平台可能受风压、海流作用撞上就位的固定平台,使两座平台受损或就位不准	严格按照平台操作手册进行操作,提前收集天气预报资料,选择良好天气进行就位作业
	平台就位海底地貌和水下建筑不清	可能损坏平台桩靴和水下建筑物	提前对海底地貌和水下建筑进行调查,取得详细可靠的资料

续表

作业项目	危害因素	可能导致的复杂情况和事故	应对措施
升降平台	就位海域浅层地质资料不清	桩腿入泥过深,降船时桩腿拔不起来。压载时出现穿透鸡蛋壳地层现象,使平台发生严重倾斜,导致平台、升降机构或桩腿损坏	提前对就位海域进行浅层地质调查,对调查结果进行认真分析、计算,制定科学、安全的升船和压载方案
	操作人员对升降设备不了解,操作不熟练	违规操作,导致升降设备、机构损坏,平台倾斜、结构损坏,人员伤亡	对操作人员进行专门培训,使其取得资质证书,持证上岗
	平台降到水面,桩腿拔不出泥面	不能按预期降船拖航,遇大风可能造成船毁人亡	生产前做好浅层地质调查,做好压载计算,做好拔桩的准备工作
	降平台时突遇大冰排漂移过来	船毁人亡	根据平台适合的工作环境和冰情预报情况提前确定降船时间
	升降平台时突遇大风浪的袭击	导致平台发生倾覆或使平台的升降机构损坏	收集天气预报资料,选择良好海况和气象条件作业

第三章 天气信息基本知识

在海上钻井作业过程中,我们经常会遇到由天气的原因引起的各种损失事故发生。认识产生天气现象的因素和过程,能够帮助石油企业规划并克服各种困难,预防由天气所引起的危及生命财产安全的不幸事故发生。在世界各地有许许多多的设备、仪器和人员日夜不停地进行对天气的观测和预报,而在海上平台,我们也有很多方法和途径去获得这些信息。在作业时,我们一定要密切关注当地的天气预报,避免意外情况或因慌乱而造成很大的损失。

第一节 气象常识

一、气团

气团是指温度、湿度等物理性质水平分布较均匀的气块。而形成气团的地区,就称为气团源地。气团可依其源地纬度之高低、形成地区之不同或气团本身温度高低分类。依其源地分类,以北半球为例,我们把它分为热带气团、极地气团、北极气团、赤道气团。前三类可分为海洋性气团和陆地性气团。而赤道气团源地主要是海洋,故不必再区分。依据气团本身温度高低,又可分为冷气团和暖气团。气团是会移动的,它所经过地区的天气会被改变,它本身也会因此改变性质,这种已经被改变的气团,称为变性气团。

二、云

云是天气变化的征兆,从古至今,人们常借云的观测以预估即将发生的天气变化。

云的辨识先分族后分属。云族可分为低云族、中云族、高云族,每个云族可分为多种云属。

低云族可分为积云、积雨云、层云、层积云、雨层云等；中云族可分为高层云、高积云等；高云族可分为卷层云、卷积云、卷云等。云底在各地区的高度详见表 3.1。

表 3.1　云底的高度　　　　　　　　　　单位：m

云族	热带地区	中纬度地区	极区
高云族	6000～18000	5000～13000	3000～8000
中云族	2000～8000	2000～7000	2000～4000
低云族	0～2000	0～2000	0～2000

1. 低云族

积云多呈棉花状。当积云不断向上发展至对流层顶时，就成了积雨云，积雨云可带来雷雨。云层内常有旺盛上升气流，气流上升速度每分钟最高可达 600 m，云柱中含有冰晶与水滴，接近云顶的冰晶常随风拖曳成砧状。积雨云在春季亦常伴随冷锋出现，其成因与夏天之情况不同，是因为暖湿空气被锋面抬升而造成的。

水平方向、大范围展开的云，称为层状云，层状云按出现的高度可分为卷层云、高层云、雨层云、层云。

积云如果向水平方向发展，就成了层积云。层积云通常出现于比较稳定的大气中。当层积云继续向水平方向发展将天空覆盖时，就成了层云。

2. 中云族

高积云呈花菜状或鱼鳞状。很高的絮状白色云块，就是卷积云。高积云开始将天空覆盖时，就成了高层云。当低气压逐渐接近，就有高层云出现。这种云由冰晶与水滴混合组成，云层比较厚，水平伸展至数百千米，足以遮蔽日光，如果天上没有卷云的话，那多数是高层云。在高层云覆盖下，天空会出现日晕或月晕。

3. 高云族

卷云是在天空呈卷曲马尾状的云。卷云出现表示高空风很大。当卷积云向水平方向发展，开始将天空覆盖时，就成了卷层云。卷层云存在时天空也可能出现日晕和月晕。雨层云在低气压附近出现时,云底很低,高度在800 m左右,呈暗黑色云幕低垂,可能出现持续降雨。

三、低气压与高气压

低气压是指一地之气压低于其四周者,反之则称为高气压。换而言之气压的高低是相对的。

如图3.1所示,在北半球因地球自转及地表摩擦力关系,环绕低气压之气流以逆时针方向流入,因为气流不断地从低压区四周向中心区集中,致使低气压中心附近的空气被迫上升,此时其所含的水汽会遇冷凝结成云致雨,因此通常低气压区内天气都不佳。在南半球,气流则以顺时针方式流入低气压区域。

如图3.2所示,在北半球因地球自转及地表摩擦力关系,高气压之气流以顺时针方向外流,造成中心区附近上空空气下沉,因此通常高气压区内天气都较为稳定。在南半球,气流则以逆时针方式流出高气压区域。

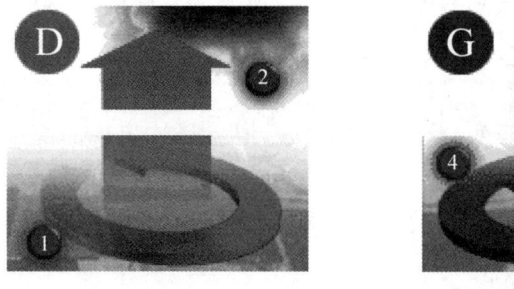

图3.1　低气压　　　　　　　图3.2　高气压

四、降水强度

气象意义上的降水包括降雨和降雪。降水的多少叫降水量,表示降水量的单位通常用毫米(mm)。1 mm的降水量是指单位面积(1 m^2)上水深1 mm。国标GB/T 28592—2012推荐的降水量等级详见表3.2。

1 mm降水落到田地里有多少呢?我们知道,每亩地面积约是666.7 m^2,因此,1 mm降水量就等于每亩地里增加0.667 m^{3}的水。每立方米的水重量是1000 kg,这样,如果有1 mm降水量也就等于向每亩地浇了666.7 kg水。据测定,降5 mm的雨,可使旱地浸透3~6 cm。

表 3.2　降水量等级　　　　　　　　　　单位:mm

等级	24小时降雨量	12小时降雨量	24小时降雪量	12小时降雪量
微量降雨/雪（零星小雨/雪）	<0.1	<0.1	<0.1	<0.1
小雨/雪	0.1～9.9	0.1～4.9	0.1～2.4	0.1～0.9
中雨/雪	10.0～24.9	5.0～14.9	2.5～4.9	1.0～2.9
大雨/雪	25.0～49.9	15.0～29.9	5.0～9.9	3.0～5.9
暴雨/雪	50.0～99.9	30.0～69.9	10.0～19.9	6.0～9.9
大暴雨/雪	100.0～249.9	70.0～139.9	20.0～29.9	10.0～14.9
特大暴雨/雪	≥250.0	≥140.0	≥30.0	≥15.0

第二节　风和浪

在宇宙中，一切物质都在不断地运动，大气也和其他物质一样，永远处于无休止的运动之中。大气的基本运动状态包括：水平运动——风；垂直运动——对流；不规则运动——乱流；有规则的循环运动——环流。

一、风

大气的水平运动状态形成风。

风与气温、气压等要素不同，它是一个表示空气运动的要素，不仅具有数值的大小（风速），还具有方向性（风向）。风速的单位用米/秒（海里*/小时，千米/小时）表示。风向常用十六个方位表示。十六方位分别是北-N-0°或360°，北东北-NNE-22.5°，东北-NE-45°，东东北-ENE-67.5°，东-E-90°等，每隔22.5°就分一个方向，其中"北东北"是指东北方向靠北，"东东北"是指东北方向靠东，其他的依此类推。风向是指风的来向，如我们常说的东北风就是指从东北方向吹过来的风。根据风对地面或海面物体的影响程度，定出的等级，称为风级。风级从无风（零级）到最大的飓风（十二级及其以上）。风速越大，风力等级越大，在单位的受风面积上所产生的风压力也越大。

---

* 1海里(1 nmile)＝1.852 km。

1. 风的产生

水平方向上气压分布的不均匀是产生风的直接原因。比如一地的气压高于其周围的气压,那么空气就会从气压高的地区向周围流去而产生了风。这种水平方向上气压分布的不均匀情况,主要是由热力条件所造成的。不同的地方受到太阳光照射不同,或者由于地面组成和形状不同,即使是在太阳同样的照射下,也会使气温不同。气温的差异,使有的地方空气膨胀,有的地方空气收缩,直接影响空气密度的变化,气压也因而不同。有时某些地方有大量空气流入或流出,可使该地区的气压上升或下降,如果流入小于流出,可使该地区气压下降。

作用于空气质点的力,除了地球的重力以外,还有上面已经提到的由于气压分布的不均匀而产生的气压梯度力;当空气运动时,由于地球自转而产生的地球自转偏向力;由于空气层之间、空气与地面之间存在相对运动而产生的摩擦力;当空气做曲线运动时,还要受惯性离心力作用。以上这些作用力,有水平方向的,有垂直方向的。因为风是空气的水平运动,所以我们主要分析水平方向上的作用力。

(1)水平气压梯度和水平气压梯度力

单位距离内气压差的大小,称为气压梯度。等压线密集表示气压梯度大;等压线稀疏表示气压梯度小。水平气压梯度的方向垂直于等压线,由高压指向低压。当存在气压梯度时,空气就会像水一样从高处流向低处,也就是从气压较高的地方流向较低的地方。两地的气压梯度越大,空气流动得越快,风越大。我们将这种由于存在气压梯度而产生的使空气做水平运动的力叫作水平气压梯度力。

(2)地球自转偏向力

如果空气只受气压梯度力的作用,则空气质点将沿气压梯度力的方向运动,也就是说,风沿着气压梯度力的方向吹。但实际上,风不沿着气压梯度力所指的方向由高压一边直接吹向低压一边,而是不断地偏转它的行进方向,在北半球向行进的方向右方偏转,在南半球则向行进的方向左方偏转。可见,一定有一个力在侧面拉着空气的质点使其发生偏转,我们把这个使空气质点发生偏转的力叫作地转偏向力。地转偏向力(科里奥利力)有以下特性:①只在空气对地面有相对运动时才产生,空气静止时则不受地转偏向力的影响。②地转偏向力的大小,与风速和所在的纬度的正弦成正比。

在风速相同时,地转偏向力随纬度的减小而减小,在赤道上为零。在纬度相同时,风速大的地方,地转偏向力也大。③在北半球地转偏向力垂直指向空气运动的右方,使空气向右偏转;而在南半球则相反。科里奥利力只能改变风的方向而不能改变风的大小。

(3)惯性离心力

当空气做曲线运动时,就会产生一个惯性离心力对其进行作用。由于惯性离心力在产生的同时,就有一个与它方向相反、大小相等的向心力产生,与它保持平衡,因此惯性离心力只能改变空气运动的方向,而不改变运动速度。在实际大气中,空气运动的曲率半径很大,因而惯性离心力很小,它有时比地转偏向力还小得多。只有在低纬度的地方,当出现风速很大、曲率半径很小的台风时,惯性离心力在台风中心附近才能达到很大的值,甚至超过地转偏心力。

(4)摩擦力

运动的空气还受到地面摩擦力的作用。这种摩擦力是空气与地面发生摩擦而产生的,以近地面层受摩擦力的影响最为显著,随高度增加,影响逐渐减少,到达一定高度,摩擦力的影响就可以忽略。

摩擦力的方向与风向相反,它的大小与风速成正比。地表越平滑,摩擦力就越小,反之越大。风速越大,摩擦力就越大。摩擦力不改变风的方向,只改变风的大小。

2. 地转风、梯度风和摩擦层的风

(1)地转风

地转风是在等压线平直,且没有摩擦力的作用下,当气压梯度力与地转偏心力相平衡时的风。地转风有以下特性:

①地转风风速与水平气压梯度成正比。即等压线密集,地转风风速大,反之则小。

②地转风风速与空气密度成反比。即水平气压梯度相同时,空气密度越大,地转风风速越小,反之则大。

③地转风风速与纬度的正弦成反比。即水平气压梯度和空气密度都相同时,纬度越低地转风风速越大;纬度越高地转风风速越小。但在赤道上没有地转风。

通过对地转风的认识,可以得出风与气压关系的规律:风速与气压梯度成正比;风向与等压线平行,在北半球,背风而立,高压在右,低压在左;在南半球,背风而立,高压在左,低压在右。

(2)梯度风

当空气做曲线运动时,作用于空气质点的力,除了水平气压梯度力和地转偏向力以外,还受惯性离心力的作用。当这三个力达到平衡时,空气所做的水平运动称为梯度风。

在北半球,梯度风沿等压线方向吹,背风而立,高压在右,低压在左;在南半球则相反。

(3)摩擦层的风

摩擦层的风指在离地面 2 km 以下的大气层里,当气压梯度力、地转偏心力、惯性离心力和摩擦力平衡时的风。摩擦层的风是更为接近海面实际的风,风向与气压的关系有如下规律:在北半球背风而立,高压在右后方,低压在左前方;在南半球背风而立,高压在左后方,低压在右前方。

3. 中国近海风的分布

中国近海地处东亚季风区。

冬季风(11 月—次年 3 月)风向稳定,风力较强,自北向南,渤海、黄海吹西北风或北风,东海南部转为东北风,南海北部和中部为一致的东北风,南海南部转为偏北风,风向呈顺时针变化。

夏季风(6—8 月)持续时间比冬季风短,稳定性也差于冬季风。7 月,5°~20°N 为西南风,20°N 以北为东南风。

据统计,东海盛行风频率最高,南海次之,黄海、渤海最低。8 级以上大风年平均日数,东海沿岸最多,黄海、渤海沿岸次之,南海沿岸最少。

二、波浪和海况

产生大气环流的物理力和地理力也作用于海水。空气和水一样,既影响加热,又影响冷却,既有重量,又有流动性,都受地球自转的影响。

1. 流

流是造成巨大的水体从海洋的一个地区输送到另一个地区的原因。流动中的水带着从太阳吸收的热能,流到新的环境后,影响着风、波浪和大气。

所有的大洋表面都在运动,只有很深的水才相对地保持静止。流和反向流(有的用邻近地区的名字)覆盖着所有的海洋表面。西风漂流是一种与西向常风有关的现象。大陆的南部端点和南极大陆之间广大水域尤其显著。海流运动的速度是变化的。水的密度及风速和风向是影响因素，平均流速在 0.5～4.0 节*的范围内，大多数流的流速为 1～2 节，尽管这些流速好像很小，但它们对于近海平台结构基础的设计是很重要的。

2. 潮汐

潮汐是海洋表面和与海洋相连的水体(例如海湾)的交替的升落。潮汐每天发生两次，是由太阳和月亮对地球的不同部分引力的不均匀性所引起的。尽管潮汐很复杂，但任何与海洋相连的水体的潮汐，都是可以预报的。

潮汐对于在产生异常高潮的峡湾区域里的工作很重要。

在北太平洋观测到的海啸，经常被称为潮波。实际上，海啸是由海底地震产生的长周期波。在地震中，很大体积的水突然向上运动，将能量从海底传递到海面。这种能量传递的影响在深水中不太重要，但是在浅水和岸边，巨大的碎波可能淹没海岸，破坏船只和设备。太平洋海啸预报系统被用于位于可能受影响的区域内的船只和装置的预警。

风暴潮与强的热带气旋(飓风或台风)有关。在墨西哥湾，较大的暴风体将要来临的 24 小时之前，20 英尺**高的风暴潮就会淹没海滨和低地。

3. 波浪的形成

波浪是因风吹在水表面时的摩擦接触形成的。因为在水平方向或者垂直方向存在压力差，所以，风平浪静是难得的。虽然波浪产生有不同的理论被提出，但阵风和持续风都影响波浪的传播的设想都是合乎逻辑的。

波浪形成时，首先在水的表面起皱纹。波浪不是水的质量传递，是能量的传递。由风速所产生的力从一个水质点传到下一个水质点，其能量损失很小。

波浪传播的区域，是一定风力在一段时间内从同一方向吹过的区域。用于表示波浪传播区域的术语叫风区长度(通常表达为在一定的范围内，产

---

* 1 节(kn)为 1 海里/小时，约等于 0.514 m/s。

** 1 英尺≈0.305 m。

生波浪的风的吹程)。

波浪一旦运动,将持续到它所包含的能量被传递到波浪上的空气泡中,或是到达海底。远离形成波浪的风区传播的波浪叫作涌浪。涌浪是由于风压力对水面的作用,沿着开阔的海岸线,使海面上升形成的浪。

在浅水区,波浪能量集中到产生高波峰和被称为拍岸波的破碎浪的窄波带中。

4. 波浪的描述

波高是波峰面和波底面的高度差,波峰是波浪的最高点,波底是两峰之间的水面的最低点。

波长是两个相邻的波底或波峰之间的水平距离。

波浪周期是波浪的波长通过一个已知点所需要的时间。

有效波高是随着海面视觉观测而发展的一个概念。因为观测者想要记录在可见范围内的最大波高的平均值,所以,有效波高被定义为某一海况中三分之一最大波高的平均值。有效波高也可以用来估计采样中最大波浪的高度。由于估计最大波高的两次观测,可以从真实值的一半变到真实值的两倍,所以视觉观测结果经常有相当大的误差。某些观测倾向于在平均时忽略较小的波浪,仅仅留下较大的波浪。

波速是关于波浪速度的术语,通常用英尺/秒(ft/s)表示。

风区可能有数百千米长。最大的波高和波力存在于风区的下风边界。从其他风区来的和远方暴风的涌浪混合时,正如交叉波列的混合一样,产生了几乎无数的波浪和涌浪形式。

5. 中国近海海浪的分布

中国近海的海浪主要受季风制约。冬季以偏北向波浪为主,夏季各海区多偏南向波浪。

山东半岛成山头外海,由于岬角效应,冬、夏风浪和涌浪强度均有所增大,并以秋末冬初的月份更加显著。

中国山东半岛成山头附近、台湾海峡及其西南方海域和台湾以东近海海面,朝鲜半岛西南侧济州岛附近及以南海域,日本琉球群岛西侧海域为中国近海的大浪区,冬季更加显著。

第三节 海洋上的雾

雾是悬浮于近地面气层中的小水滴、小冰晶或两者混合物的集合体,使水平能见度小于 1 km。若能见度降至 1~10 km,称为轻雾。

一、雾的种类与特点

1. 平流雾(海雾)

(1)定义

暖湿气流经冷的下垫面,使低层空气冷却,空气达到饱和水汽凝结而形成的雾。

(2)分布地区

冷、暖海流交汇的冷流一侧;水平温度梯度大的海陆交界处。

(3)特点

①浓度大,厚度大;水平范围广,持续时间长;

②远洋雾的浓度及生消时间没有日变化,沿海及岛屿的雾有一定的日变化;

③随风飘移,伴有层云。

2. 锋面雾(雨雾或降水蒸发雾)

(1)定义

锋面上暖气团里下降的雨滴穿过锋面落到冷气团里,雨滴蒸发,使锋面下冷气团近地面层的空气达到饱和而形成的雾。

(2)分布地区

暖锋前、一型冷锋后、锢囚锋的两侧。

(3)特点

①浓度及生消时间不受气温日变化的影响;

②雾区随锋面和降水区的移动而移动。

3. 辐射雾(陆雾)

(1)定义

晴朗微风、比较潮湿的夜间,由于地面辐射冷却,近地面层气温降至露点或露点以下,使水汽凝结而形成的雾。

(2)分布地区

内陆潮湿洼地、沿海港湾。

(3)特点

①一年四季均能发生,秋冬季居多,冬季入海易消散,夏季入海消散慢。

②具有明显的日变化,夜间形成,日出前最浓,日出后随气温升高而消散。

③晴夜有利于雾生成,晴天有利于雾消散;阴夜不利于雾形成,阴天也不利于雾消散。

④微风有利于雾形成,强风和静风均不利于雾形成。

⑤冬季消散慢,夏季消散快。

4. 蒸汽雾

(1)定义

冷空气流经暖水面时,水面不断蒸发水汽进入低层空气,使贴近水面的低层空气达到饱和而形成的雾。

(2)分布地区

高纬度沿海、极地冰间水面、冰缘等。

(3)特点

①冬季最常见。

②浓度不大,厚度薄。

③有显著的日变化。

④在任何风速下都可能发生,但风向改变可使雾消散。

此外,还有地形雾和海陆轻风雾。

二、平流雾的形成条件

(1)冷的海面

西北太平洋,表层水温低于20 ℃;黄海北部水温低于24 ℃。

(2)适当的水汽温差

长江口外海域和北海道以东海面,0~6 ℃,温差2~3 ℃时频率最高。

日本海和北太平洋,温差1 ℃时频率最高。

当温差>8 ℃时,海雾很少发生。

(3)合适的风向、风速

风向垂直于表层等水温线,由高温吹向低温。中国东部沿海,南风、东南风、东风适合平流雾形成,黄海北部还要再加上东北风。英吉利海峡,西南风适合。

风力为2～4级合适。

(4)充沛的水汽

相对湿度≥80%。

(5)低层逆温层结

三、平流雾消散的条件

风向大角度改变,风力增至很大或减至很小,如冷锋过境。

第四节　海上灾害

一、寒潮

1. 寒潮概述

寒潮是指极地或高纬度地区的强冷空气大规模地向中、低纬度侵袭,造成大范围急剧降温和偏北大风的天气过程,有时还会伴有雨、雪和冰冻灾害。根据冷空气影响后的某一地区在一定时段内日最低气温下降幅度和日最低气温值两个指标,冷空气可以划分为弱冷空气、较强冷空气、强冷空气和寒潮四个等级。

《冷空气等级》(GB/T 20484—2017)中规定:某一地区冷空气过境后,日最低气温24小时内降温幅度大于或等于8 ℃,或48小时内降温幅度大于或等于10 ℃,或72小时内降温幅度大于或等于12 ℃,而且使该地日最低气温下降到4℃或以下时,可认为寒潮发生。其中,48小时和72小时内降温的日最低气温应连续下降。

2. 寒潮爆发需具备的两个基本条件

(1)有冷空气的酝酿和聚集;
(2)有引导冷空气侵入我国的合适流场。

3. 寒潮过程的天气特征

寒潮是大规模的强冷空气活动过程,在地面天气图上表现为强冷高压的南下。

寒潮天气过程与一般冷高压的天气过程相似,但要剧烈得多,尤其是冷高压前缘的强冷锋附近,会出现剧烈降温和大风,有时还伴有雨、雪或霜冻。在高纬海上航行的船舶,除可能遭遇大风浪外,还容易引起船体积冰等危害。

寒潮暴发的地区主要分布在东亚、北美洲、欧洲、澳大利亚等。

二、热带气旋

产生在热带或副热带海洋上的气旋称为热带气旋。各国根据其发展强度不同,对热带气旋进行了分类。根据热带气旋底层中心附近最大平均风速,我国对发生在西北太平洋和南海的热带气旋划分为 6 个等级:风速在 10.8～17.1 m/s(风力在 6～7 级)的为热带低压;风速在 17.2～24.4 m/s(风力在 8～9 级)的为热带风暴;风速在 24.5～32.6 m/s(风力在 10～11 级)的为强热带风暴;风速在 32.7～41.4 m/s(风力在 12～13 级)的为台风;风速在 41.5～50.9 m/s(风力在 14～15 级)的为强台风;风速大于等于51.0 m/s(风力大于等于 16 级)的为超强台风。热带气旋是形成在热带或副热带海洋面上的暖性低压系统。它具有很大的破坏力,严重地威胁着海上钻井作业平台及人员的安全。所以我们很有必要了解它的生命史和天气结构。

1. 台风的生命史

(1)形成期:由低压环流出现时到发展达到台风的标准为止。这时地面扰动开始形成,气压降低到 1000 hPa(百帕),近似圆形的等压线的范围很小,半径约 100 km 左右。在北半球,风从四周以逆时针方向吹向中心;在南半球,以顺时针方向吹向中心,风力在 12 级以下。

(2)发展期:台风继续发展,直到中心强度不再加深、风速达最大值时为止。这个时期,台风眼开始形成,气压降低到 1000 hPa 以下,风力达到 12 级以上,云雨区形成对称的狭长的云雨带。

(3)成熟期:台风从中心强度不再加深,风速不再加大,而台风范围逐渐扩大,直到该台风等级的风力范围达到最广。12 级以上的风力区在增大,大风圈半径可达 300 km,云雨区也逐渐扩大,对称的形势消失,恶劣的天气集中在台风前进方向的右方。

(4)衰亡期:台风减弱填塞或进入中纬度地区因冷空气侵入转为温带气旋。中心气压不断升高,低压填塞,台风眼被云层填满,环流消失,台风灭亡。

2. 发展成熟台风的分区

一个发展成熟的台风,按其结构和天气现象大致可分为三个区域(图3.3)。

图 3.3 台风示意图

(1)外围区:当接近外围区时,当地的气压开始缓慢下降,风力逐渐增强,风向转变为受台风环流影响的方向,温度升高,湿度增大,使人产生一种闷热的感觉,天空出现辐射状的高云和积状的中云、低云,还有塔状的层积云和浓积云,特别是在台风前进的方向上,塔状云更多,而云体往往被风吹散,成为所谓的"飞云"。偶尔会出现积雨云,产生阵雨。

(2)涡旋区:也称中圈,气压急剧下降,在海上中心气压一般都在 950 hPa 以下。风力在开始时比较对称,之后变得不对称。向西移动的台风右面是副热带高压,气压梯度较大,风力较强,故有"危险半圆"之称。特别是在发展中的台风前进方向的右前方,气压梯度最大,风力最强。此区域下方经常出现狂风暴雨,是台风中天气最恶劣的区域。

(3)台风眼区:也称为内圈。气压停止下降,降水停止,风力减小到四级以下,且风眼中有微弱的下沉气流,有明显的下沉逆温,是少云微风的好天气。但台风眼区的海况十分恶劣,产生金字塔浪,对船舶航行非常不利。总的来说,台风天气是一种比较极端的天气现象,当它的强度够大时,对人民的生命财产安全的破坏力是巨大的。

3. 全球热带气旋的等级和名称

(1)国际上按热带气旋近中心最大风力等级风速分为4级(表3.3)

表3.3 国际热带气旋分级

名称代号	近中心最大风力等级风速
热带低压 TD(Tropical Depression)	≤7级(风速≤33 kn)
热带风暴 TS(Tropical Storm)	8～9级(风速为34～47 kn)
强热带风暴 STS(Severe Tropical Storm)	10～11级(风速为48～63 kn)
台风 T(Typhoon)	≥12级(风速≥64 kn)

(2)东北太平洋和大西洋的热带气旋被分为3级(表3.4)

表3.4 东北太平洋和大西洋的热带气旋分级

名称代号	近中心最大风力等级(风速)
热带低压 TD(Tropical Depression)	≤7级(风速≤33 kn)
热带风暴 TS(Tropical Storm)	8～11级(风速为34～63 kn)
飓风 H(Hurricane)	≥12级(风速≥64 kn)

(3)孟加拉湾和阿拉伯海的热带气旋被分为2级(表3.5)

表3.5 孟加拉湾和阿拉伯海的热带气旋分级

名称代号	近中心最大风力等级(风速)
低气压(Depression)	≤7级(风速≤33 kn)
气旋性风暴(Cyclonic Storm)	≥8级(风速≥34 kn)

(4)南半球洋面上的热带气旋通常也被分为2级(表3.6)

表3.6 南半球洋面上的热带气旋分级

名称代号	近中心最大风力等级(风速)
热带扰动(Tropical Disturbance)	≤7级(风速≤33 kn)
热带气旋(Tropical Cyclone)	≥8级(风速≥34 kn)

因为海洋上可能同时出现多个热带气旋,为了减少混乱,当热带气旋达到热带风暴的强度时,各气象机构便会对其做出命名。热带气旋会根据各个区域不同的命名表命名,这些命名表是由世界气象组织的委员或各区负

责预测热带气旋的机构制订。当热带气旋被退役,新的名字会被选出作替补。

第五节 气象传真图

天气图是在一张特制的底图上填有各地同一时刻的气象观测记录,能够反映一定区域内的天气情况的图。它是用来观察、监视和研究天气系统发生、发展演变和移动等情况的重要工具。气象台或气象站经常绘制的天气图有地面天气图、高空天气图及各种辅助图。利用气象传真机,可接收到各种天气图。目前气象传真广播的覆盖范围几乎遍及全世界的海洋。世界上许多国家通过传真广播,发布气象报告和天气预报,发送各种天气图、气候图和海况图。

一、气象传真图的种类及图名标题

各种气象传真图都有图名标题,大多用一个小方框标在图的左上角和右下角,代号如表 3.7 所示。标题中用各种代号表示传真广播台的呼号、图的种类、图包括的地区(表 3.8)、所用资料的观测时间和图的有效时间等。

$$TTAA(ii)\ CCC$$
$$YYGGgg\ MMM\ JJJJ$$

其中,TT——传真图的种类代号,用两个大写英文字母表示。

AA——地区代号,用两个大写英文字母表示。

ii——区别两份以上相同资料的图的代号,用 1 至 3 个数字表示。1 个数字用来区别不同时间,例如 COPN 和 COPN1,前者表示 10 天平均洋面温度,后者表示月平均洋面温度。2 个数字用来表示等压面高度(百帕的百位数和十位数)或预报时效。例如:70 表示 700 hPa,85 表示 850 hPa,02 表示 24 小时,04 表示 48 小时。3 个数字表示等压面高度和预报时效,一般高度在前,时效在后。例如:852 表示 850 hPa,24 小时预报;702 表示 700 hPa,24 小时预报。

CCC——传真广播台的呼号或该台专用的缩写字母。

YYGGgg——日、时、分的代号,所用时间为世界时。

MMM——月的代号。

JJJJ——年的代号。

表 3.7 常用传真图种类代号

代号	说明	代号	说明
A:	分析图	C:	气候图
AS	地面分析	CO	海洋气候（海温）
AU	高空分析	CS	地面气候
AW	海浪分析	CU	高空气候
AN	云层分析	S:	地面资料
F:	预报图	SO	海洋气象资料（表层海流）
FS	地面预报	ST	海冰情报
FU	高空预报	W:	警报图
FW	波浪预报	WT	热带气旋警报图
FO	海流预报	WH	飓风警报图
FI	海冰预报	VS(VIS)	可见光云图
FE	中期预报	IR	红外云图

表 3.8 部分传真图地区代号

代号	地区	代号	地区
AS	亚洲	AA	南极
CI	中国	AC	北极
JP	日本	IO	印度洋
EA	东亚	AF	非洲
FE	远东	NA	北美
GM	关岛	EU	欧洲
SJ	日本海	XS	南半球
PA	太平洋	XT	热带地区
PN	北太平洋	EC	东海
PS	南太平洋	SS	南海
XN	北半球	AU	澳大利亚

二、天气图底图

天气图底图是用来填写各地观测站所提供的气象观测资料而制定的空白地图。地图的投影要求,首先是保证形状和方向正确,其次是保证面积正确。天气图底图常用的投影有以下三种(表3.9)。

表 3.9　天气图底图常用的三种投影

名称	墨卡托圆柱投影 (等角正圆柱投影)	极地平面投影 (极射赤面投影)	兰勃特投影 (正形圆锥投影)
经线	平行等距的直线	极点向外辐射的直线	向极点收敛的直线
纬线	平行的直线,离赤道越远,纬距越大	以极点为中心的同心圆,离极点越远,纬距越大	以极点为中心的同心圆,纬距近似相等
经纬线网的形状			
无失真区	赤道或圆柱面同地球仪相割的纬线	极地	30°和60°标准纬线
适用于	热带地区天气图	半球天气图和极地天气图	中纬地区天气图

(1)双标准纬线正形圆锥投影(又称为兰勃特投影)

双标准纬线为30°和60°,在这种图上,经线为向极点收敛的放射性直线,纬线为同心圆弧。这种图在30°和60°纬线无失真,所以最适合作中纬度地区的天气图。

(2)极地平面投影(又称极射赤面投影)

这种投影经线为以极地为放射点的放射性直线,纬线为同心圆。这种图在极地和高纬地区失真比较小,因此,半球天气图和极地天气图多采用这种投影。

(3)墨卡托圆柱投影(又称等角正圆柱投影)

这种图经纬度均为互相垂直的直线。热带地区多采用这种投影。

三、地面实况分析图

传真台把收到的某一时刻各地观测的气象要素记录,按统一规定的标准填写在一张特制的地图上,填写完毕后进行分析。分析完成的地面天气图叫作地面实况分析图,简称地面图。在地面图上填写的地面气象观测记录,既直接反映了地面的天气情况,又间接反映了一部分高空的天气情况。同时,图上还填有最近三小时内气压变化的数值以及当时和过去的重要天气现象,所以它还能表示出短时间内天气发展的趋势。它是当前天气分析预报的基本工具之一。各国地面图大致相同,个别处略有差异。

根据世界气象组织(WMO)的规定,地面天气图通常是利用每隔6小时一次的观测资料填绘制作的。图时为00Z、06Z、12Z、18Z,Z表示世界时。有时也用格林尼治标准时间(GMT)表示。

1. 填图格式

地面图上的气象要素,是各个观测站将观测的结果编成电码,集中到气象通讯中心,然后通过无线电广播或有线电传转发出来的。各台站在收到这些电码后,迅速翻译出来,按照统一的填图格式填写在底图上。

(1)陆地站填图格式(图3.4)

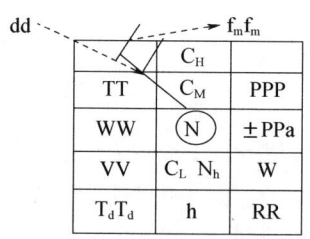

图3.4 陆地站填图格式

填图格式中的填写项目如下:

N——总云量。按表3.10中的符号填写,其中10或10^-表示云量大于9,但天空有云隙。

C_H、C_M、C_L——高云状、中云状及低云状。按表3.11中的符号电码填写。

N_h——低云量。填写数字与实际云量的关系见表3.12。

h——低云高。以数字表示,单位为 m(为了填写简便,有些台站不填个位和十位)。填图数字与实际云高的关系如表 3.13 所示。

TT、$T_d T_d$——气温、露点温度。用数字填写,单位为℃。如果为负值时,在数字前面加"－"号。例如:图上填写 15,表示 15 ℃;填写－21,则表示为零下 21 ℃。

WW——现在天气现象。即观测时或观测前一小时内的天气现象,按表 3.14 所示进行填写。

VV——能见度。单位为千米,用数字填写。例如:图上填写 10,表示能见距离为 10 km;填写 0.5,则表示能见距离为 500 m。

dd、$f_m f_m$——风向、风速。风向用矢杆表示,矢杆指向站圈中心,从站圈往外矢杆所指的方向,就是风的来向即风向。风速用矢羽表示。国外传真图上常用海里/小时(即节)表示风速,一条短矢羽表示风速为 5 kn 左右,一条长矢羽表示风速为 10 kn 左右,一面三角旗矢羽表示风速为 50 kn 左右;国内传真图上常用 m/s 表示风速,一条短矢羽表示风速为 2 m/s 左右,一条长矢羽表示风速为 4 m/s 左右,一面三角旗矢羽表示风速为 20 m/s 左右。参见表 3.15。

PPP——海平面气压。单位为百帕,用数字填写,要求精确到一位小数,百位数、千位数及小数点均略去不填。例如:图上填写 975,表示气压为 997.5 hPa;填写 132,表示气压为 1013.2 hPa。

PP——三小时气压变量。即观测时与观测前三小时气压的差值,单位为百帕,要求精确到一位小数,小数点省略不填。如果该值的数字前有"＋"号,表示三小时以来气压是上升的;数字前有"－"号时,则表示气压是下降的。

a——三小时气压倾向。即观测前三小时内气压变化的趋势。参见表 3.16。

W——过去天气现象。即观测前六小时内出现的天气现象。参见表 3.17。

RR——观测前六小时内的降水量。单位为 mm,用数字填写。

表 3.10　总云量符号

符号	○	◐	◑	◐	◐	◐	◐	◐	●	⊗
总云量	无云	≤1	2～3	4	5	6	7～8	9～10⁻	10	不明

表 3.11 云状符号

电码	符号	低云状	符号	中云状	符号	高云状	
0	不填	没有低云	不填	没有中云	不填	没有高云	
1		淡积云		透光高层云		毛卷云	
2		浓积云		蔽光高层云或雨层云		密卷云	
3		秃积雨云		透光高积云		伪卷云	
4		积云性层积云		荚状高积云		钩卷云	
5		普通层积云		系统发展的辐辏状高积云		云层高度角<45°	卷层云
6		层云或碎层云		积云性高积云		云层高度角≥45°	
7		碎雨云		复高积云或蔽光高积云		云层布满全天	
8		不同高度的积云或层积云		堡状或絮状高积云		云量不增加也没有布满全天	
9		鬃积雨云或砧状积雨云		混乱天空的高积云,高度不同		卷积云	

表 3.12 低云量

电码	0	1	2	3	4	5	6	7	8	9
地图数字	不填	1	3	4	5	6	8	9	10	×
低云量	无云	≤1	2~3	4	5	6	7~8	9~10	10	不明

表 3.13 低云高

电码	0	1	2	3	4	5	6	7	8	9
地图数字	0	50	100	200	300	600	1000	1500	2000	不填
低云高(m)	<50	50~100	100~200	200~300	300~600	600~1000	1000~1500	1500~2000	2000~2500	没有低于2500 m的云

表 3.14 现在天气现象

电码	00	10	20	30	40
0	云的发展情况不明	轻雾	观测前一小时内有毛毛雨	轻或中度的沙(尘)暴,过去一小时内减弱	近处有雾,但过去一小时内测站没有雾

续表

电码	00	10	20	30	40
1	云在消散、变薄	片状或带状的浅雾	观测前一小时内有雨	轻或中度的沙(尘)暴,过去一小时内无变化	散片的雾(呈带状)
2	天空状况大致无变化	层状的浅雾	观测前一小时内有雪	轻或中度的沙(尘)暴,过去一小时内增强	雾,过去一小时内变薄,天空可辨
3	云在发展、增厚	远电	观测前一小时内有雨夹雪	强的沙(尘)暴,过去一小时内减弱	雾,过去一小时内变薄,天空不可辨
4	烟幕	视区内有降水,但未到地面	观测前一小时内有毛毛雨或雨,并有雨凇	强的沙(尘)暴,过去一小时内无变化	雾,过去一小时内无变化,天空可辨
5	霾	视区内有降水,但距测站较远(5 km以外)	观测前一小时内有阵雨	强的沙(尘)暴,过去一小时内增强	雾,过去一小时内无变化,天空不可辨
6	浮尘	视区内有降水,在测站附近(5 km以内)	观测前一小时内有阵雪或阵性雨夹雪	轻或中度的低吹雪	雾,过去一小时内变浓,天空可辨
7	测站附近有扬沙	闻雷,但测站无降水	观测前一小时内有冰雹或冰粒或霰(或伴有雨)	强的低吹雪	雾,过去一小时内变浓,天空不可辨
8	观测时或观测前一小时内视区有尘卷风	观测时或观测前一小时内有暴风	观测前一小时内有雾	轻或中度的高吹雪	雾,有雾凇,天空可辨
9	观测时视区内有沙(尘)暴或观测前一小时内视区(或测站)有沙(尘)暴	观测时或观测前一小时内有龙卷	观测前一小时内有雷暴(或伴有降水)	强的高吹雪	雾,有雾凇,天空不可辨

续表

电码	50	60	70	80	90
0	间歇性轻毛毛雨	间歇性小雨	间歇性小雪	小阵雨	中常量或大量的冰雹,或有雨,或有雨夹雪
1	连续性轻毛毛雨	连续性小雨	连续性小雪	中常或大的阵雨	观测前一小时内有雷暴,观测时有小雨
2	间歇性中常毛毛雨	间歇性中雨	间歇性中雪	强的阵雨	观测前一小时内有雷暴,观测时有中或大雨
3	连续性中常毛毛雨	连续性中雨	连续性中雪	小的阵雨夹雪	观测前一小时内有雷暴,观测时有小雪或雨夹雪或霰或冰雹
4	间歇性浓毛毛雨	间歇性大雨	间歇性大雪	中常或大的阵雨夹雪	观测前一小时内有雷暴,观测时有中或大雪或雨夹雪或霰或冰雹
5	连续性浓毛毛雨	连续性大雨	连续性大雪	小阵雪	小或中常的雷暴,并有雨或雪或雨夹雪
6	轻毛毛雨,并有雨凇	小雨,并有雨凇	冰针(或伴有雾)	中常或大的阵雪	小或中常的雷暴,并有冰雹或霰或小冰雹
7	中常或浓毛毛雨,并有雨凇	中或大雨,并有雨凇	米雪(或伴有雾)	少量的阵性霰或小冰雹,或有雨,或有雨夹雪	大雷暴,并有雨或雪或雨夹雪
8	轻毛毛雨夹雪	小雨夹雪或轻毛毛雨夹雪	孤立的星状雪晶(或伴有雾)	中常量或大量的阵性霰或小冰雹,或有雨,或有雨夹雪	雷暴,伴有沙(尘)暴
9	中常或浓毛毛雨夹雪	中常或大雨夹雪,或中常或浓毛毛雨夹雪	冰粒	少量的冰雹,或有雨,或有雨夹雪	大雷暴,伴有冰雹或霰或小冰雹

注:根据实际情况会有调整。

表 3.15 风速符号

国际形式		中国习惯用法	
符号　　单位:kn	符号　　单位:kn	符号　　单位:m/s	
0	63~67	1	
1~2	68~72	2	
3~7	73~77	3~4	
8~12	78~82	5~6	
13~17	83~87	7~8	
18~22	88~92	9~10	
23~27	93~97	11~12	
28~32	98~102	13~14	
33~37	103~108	15~16	
38~42		17~18	
43~47		19~20	
48~52		21~22	
53~57		23~24	
58~62		25~26	

表 3.16 三小时气压倾向

符号	⌒	⌐	✓	⌐	⌐	⌒
气压倾向	升后微降	升后平	微降后升	降后微升	降后平	微升后降

表 3.17 过去天气现象

符号	↷/↗	≡	,	●	✳	▽	⚡
过去天气现象	沙尘暴或吹雪	雾	毛毛雨	雨	雪或雨夹雪	阵性降水	雷暴

综合上述各种符号和数字,就能较全面地表示出每一个观测站的天气情况。

另外,锋线的表示符号如图 3.5 所示。

2. 标注气压系统

在国内地面图上,低压中心标注"低"或"D",高压中心标注"高"或"G";在国外地面图上,低压中心标注"L",高压中心标注"H";热带气旋中心,国内外图上一般均用符号"𝕾"标注。

船舶收到的气象传真地面图,分析项目与上述略有不同,例如等三小时变压线,过去锋线等不分析标出。而且各国的地面图分析项目也略有差别,具体以实际情况为准。

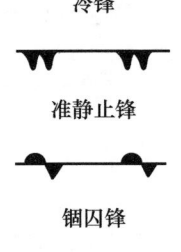

图 3.5 锋的种类

3. 警报符号标注

当海上已经出现或预计未来 24 h 内将出现恶劣天气时,在相应的位置上注有醒目的警报符号:

[W] 一般警报,风力 6~7 级,或有必要警告提防大雾等情况。

[GW] 大风警报,风力 8~9 级。

[SW] 暴风警报,风力 10~11 级。

[TW] 台风警报,风力≥12 级。

[WH] 飓风警报,风力≥12 级。

FOG[W] 浓雾警报,能见度<1 km(或 0.5 海里)。

4. 天气系统英文注解识读

对于达到热带风暴以上强度的热带气旋或风力达到 10 级或以上的强低压系统,在图下面的空白部分还列有一段或几段英文简报,以便对该系统有更全面的了解,文中常使用一些略缩语和习惯用语简化形式。以图 3.6 右下角一段英文简报为例作简要说明。

第三章 天气信息基本知识

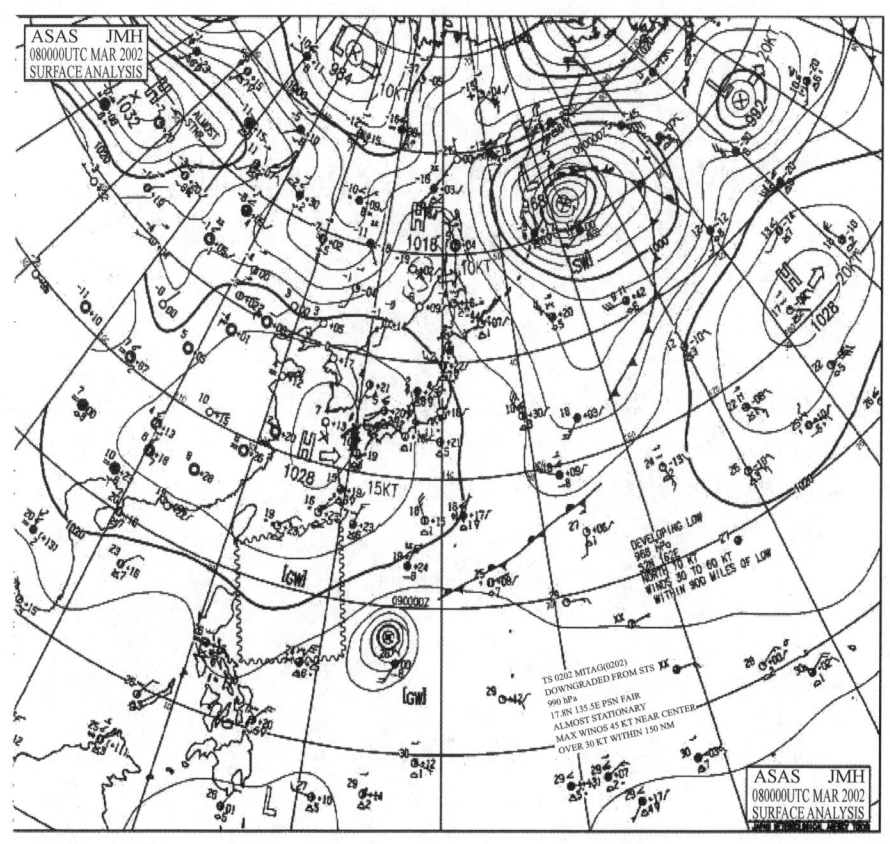

图 3.6 地面分析图

扇形所示为台风中心移向的范围,虚线圆为预报概率圆,台风中心进入该圆的概率约为 70%。注解的译文是 2002 年第 2 号热带风暴,名称是 MITAG;从强热带风暴减弱形成,中心气压 990 hPa,中心位置在北纬 17.8°、东经 135.5°;卫星定位,定位误差 20～40 nmile;台风准静止,移向不定,移速小于 5 kn;近中心最大风速为 45 kn,半径 150 nmile 范围内,风速大于 30 kn。

注解中对位置(PSN)标明 GOOD 表示飞机定位,定位误差小于 20 nmile;标明 FAIR 表示卫星定位,定位误差为 20～40 nmile;标明 POOR 表示外推定位,定位误差大于 40 nmile。

第四章　移动式平台拖航、就位、升降船作业

中海油（中国）有限公司总结多年来移动式钻井平台拖航、就位和升降船的经验教训，制定了一套拖航、就位和升降船的规章制度和现行做法，实践证明这套做法在实际应用中是安全和行之有效的。下面分别介绍。

第一节　拖航小组

一、召开拖航会议

目前中海油（中国）有限公司为了保证移动钻井平台的拖航、升降船的安全，拖航前3～5天，由作业者主管生产的领导组织召开拖航专门会议。

参加人员一般有：钻井承包商代表和钻井船平台经理，船舶承包商代表和船长，作业者安全部门负责人，气象服务公司的技术人员和其他有关人员。

会议的任务主要是：研究有关拖航事宜和方案；进行技术交底（包括提交浅层地质资料）；成立拖航小组，委任拖航小组组长，明确各自的职责。

拖航小组一般由钻井承包商、船舶承包商和作业者的代表（钻完井监督）和其他有关人员组成，拖航组长由船舶承包商代表担任，且必须具有丰富的海上实践经验，同时必须通过海事部门考试合格，取得船长资格的适任证书。

二、拖航小组履行职责

拖航小组组长为拖航期间的安全第一负责人，负责定期向作业者陆地办公室汇报和联系。

拖航小组在拖航前要做好详细的拖航计划。拖航计划应包括以下内容：

(1)拖航小组成员和组长名单；

(2)被拖平台的名称与类型；

(3)钻井平台的起始位置(坐标)、拖航距离；

(4)新井名称及水深；

(5)拖航及护航工作船的名称、功率、船长姓名；

(6)拖航的计划航线及转向点、预计的拖航速度和时间；

(7)预计拖航的开始时间；

(8)对气象预报、平台生活物资、燃油的要求；

(9)通信要求，平台与基地、与拖航工作船的通信联络要求；

(10)就位时的平台艏向，锚泊就位要求参照钻井设计；

(11)特殊的安全措施，如远距离拖航途中遇到台风时的应急措施等。

三、拖航船舶和被拖平台的准备工作

拖航船舶和被拖钻井船应充分做好拖航前的准备工作，包括设备、拖航器具的检查、调载、稳性计算、压载计算、堵漏器材的准备和甲板其他部位的材料和器材的固定等，并按照国家船舶检验局的规定，申请拖航前的检验。经船舶检验局(目前此项工作由中国船级社执行)按照《海船拖航检验》所规定的检查范围、内容和技术要求，对钻井船和拖航船舶进行详细、严格的检查，检验合格后签发适拖证书方可起拖。检查出的问题必须彻底整改。

在进行气象分析决定起拖时间时，避免存在"抢风头、赶风尾"的侥幸心理。

第二节　降船拖航作业

一、降船前的作业

(1)准备拖航前的物资

①锚泊属具，包括锚、锚标、提锚绳、各种规格的卸扣及短索等；

②油料、生活水、钻井水和食品等；

③固定货物用的绳索、工具等；

④其他搭载的钻具、设备、材料等；

(2)关闭海底阀

①关闭所有泥浆池海底阀;

②关闭泵舱海底阀;

③关闭泥浆散装舱海底阀。

注意:①关闭海底阀时要做渗漏试验;②海底阀的压盖要上紧。

(3)固定活动物品

①大件物品用角铁、电焊固定;

②小件物品用钢丝绳、铁丝固定。

注意:①甲板风筒周围不能有任何活动物品;②不能在风筒、管线上固定任何物品;③甲板固定由甲板长负责,泵舱固定由副司钻负责。

(4)固定井架

①井架移到拖航位置后,将底座与滑道的止动销插上(或上紧井架固定螺栓、悬臂梁固定螺栓)。井架底座的绷绳(或链)绷紧。

②防喷器组与其底座的固定螺栓要上紧,防喷器上部要用钢丝绳和手动倒链固定好。

③游车大钩放到转盘面,用钢丝绳与转盘底座下的工字钢相连(或采用别的固定方式),上提游车,将刹把刹死,顶驱加以固定。

注意:①游车、防喷器组、井架底座是固定的重点,其固定必须确保固定质量;②钻台所有工具、设备都要仔细加以固定。

(5)关闭风筒

①关闭甲板上泵舱、灰罐舱风筒;

②检查、关闭甲板所有舱室测量孔;

③封闭甲板上舱室呼吸孔、舱盖。

注意:①舱室呼吸孔用塑料布或帆布封闭,舱盖用帆布封闭;②以上工作由甲板长负责。

(6)检查冲桩管线

①由副司钻关闭通向钻台的泥浆泵高压管线阀门,打开通向冲桩管线的阀门。

②桩腿值班人员检查、关闭桩箱上的冲桩管线阀门,检查、保养冲桩管线软管接头。准备好卸桩腿冲桩管线的工具。

③桩腿值班人员按要求打开桩腿冲桩管线阀门。

(7)检查桩腿环形活动平台

①检查活动平台电机是否有电;
②检查平台控制系统是否正常。

(8)上提潜水泵
①甲板长协助轮机长上提潜水泵;
②保留1台潜水泵工作,将其他潜水泵提到固定位置加以固定。

(9)带龙须链
配合船舶拖轮带好龙须链。注意吊龙须链的两台气动绞车钢丝绳要松紧适度。

二、开始降船

降船前,各班组按照"自升式平台拖航检查项目"的内容,做好拖航前的一切准备工作。拖航组对以下各项准备工作进行确认。

(1)为了使水下的海流效应减到最小,应将桩腿提升到拖航位置,放入桩腿上下楔块(固桩块)并紧固。桩腿固桩块分上中下三层,三层都拿完后,最后对三层再进行一次检查确认。

注意:拿固桩块时人不要正对着固桩块,防止固桩块弹出伤人。

(2)中控室通知拿卸荷块后,卸去卸荷块,将卸荷螺母旋回初始位置,检查缓冲垫上有无异物,确认没有影响降船作业的情况发生。

注意:当卸荷块无法取出时,由设备操作人员活动副环梁后取出。

(3)降船时桩腿值班需要注意以下方面:
①桩箱内由专人值班,观察压力变化(观察升降电机的工况),并查看桩腿升降室内升降系统工作状况,如有问题,立即向中央控制室汇报。
②桩箱上由专人值班,查看桩腿绷绳情况,将绷绳在桩箱上盘好,并对环形平台位置进行调整。

(4)随着平台下降,桩腿上升,同步上提工作着的最后一台潜水泵。桩腿齿条抹油。

降船前,由拖航组长直接指挥接拖和抛锚作业;并由护航船协助抛下所需要的锚。接拖工作由拖航组长具体负责。接拖时应注意:

(1)拖船尽可能从下风向、下流处靠近平台;接拖工作由拖航小组组长直接指挥。

(2)甲板班长负责操作拖缆绞车,放缆速度应适当,以防拖缆绞车的钢丝绳被拖轮拉断。

(3)必须检查拖曳设备的连接是否正确。

(4)降船工作尽可能安排在白天进行;在配电正常后,拖航组长应发令进行试降船,以检查马达解脱机构和齿轮平台升降系统是否处于良好状态。

(5)降船时,每条桩脚上的载荷不得超过钻井装置在升降状态下容许的载荷,如超过升降状态的可变负荷而降船,将导致齿轮齿条机构损坏。

(6)在下降操作降船过程期间,操作人员必须小心谨慎,保持清醒的头脑,时刻保持平台在水平状态下降船,一旦倾斜,必须调平找正后方能继续降船,否则将损坏船体结构或齿轮齿条机构。

(7)当船体降至一定的吃水 2.0~2.5 m 时,海事师、机械师和值班队长应检查所有海底阀有无漏水并向主控室报告。

(8)将主机冷却水从深井泵转换到钻井水泵,同时将深井泵塔升至拖航位置;并加绷绳紧固。

(9)继续下降平台直至到达计算漂浮吃水,并通过升降循环以利于拔出桩腿。接冲桩管线冲桩。

(10)如果桩脚没有松出,继续下降平台至超过计算漂浮吃水 0.3 m 的位置,但最大不得超过平台操作手册所允许的极限值;如果这样增加吃水的结果未能使桩脚松出,必须继续使用冲桩系统进行冲桩,直到桩脚松出,平台漂浮为止。

(11)船体吃水减少,意味着桩脚已松出泥底上升,接着收桩脚并通知主拖船、副拖船备车,准备起拖;要求桩脚提升至限位开关位置即停止;收桩脚时各桩脚值班人员应严密监视桩脚、升降装置的工作状况和监听桩腿升高限位警报,及时按要求向主控室汇报,避免损坏升降装置、桩脚齿条和沉箱(桩靴)机构,造成重大设备事故。

(12)在收桩脚时,同时将深井泵塔升至拖航位置;应防止沉箱(桩靴)碰到深井泵塔。

(13)全部桩腿已离开海底时,通知主拖船、副拖船起拖。

三、平台降至水面

(1)由专人(泥浆工、检修 A 岗人员等)检查所有舱室海底阀,如有问题,立即向中控室汇报。一般由检修 A 岗人员负责。

(2)当桩腿上升到一定高度时,用吊车将桩腿绷绳吊到对面绷紧,花杆螺栓两端要固定死,防止螺杆倒扣。但有的平台无此工作。

(3)升桩结束后,按要求放入固桩块,并将每层固桩块用结实的绳索串连到一起,防止因受力不均固桩块弹飞。但有的平台无此工作。

第三节　拖航状态时的作业安全

一、安全防范措施

(1)关闭甲板上所有舱门、舱盖。

(2)安排人员24小时安全值班。拖航期间夜间应开启航行灯,白天应悬挂拖带号型(黑色菱形体)。

(3)各通海阀(关键部位,海事师/机械师/值班队长必须亲自落实,航行期间每2小时巡回检查一次),确认其无泄漏,远距离拖航必须用盲板封堵。

(4)拖航期间平台应避免使用吊车,以防增加倾覆力矩(也称倾斜力矩),影响平台稳性。亦不应进行钻具组合、配泥浆等导致甲板负荷增加的作业,必要时须得到拖航小组负责人的同意并确保稳性满足要求。

(5)拖航中不得让拖缆抬出水面,以免拖缆受力过大,必要时可根据情况降低航速,或增加拖缆长度,以确保拖缆在水中有足够的垂曲度。

(6)严禁任何船只进入拖船艉部豁口区。

二、安全值班要求

(1)检查各泥浆池、泵房、散装仓各海底阀是否密封完好。

(2)仔细检查拖缆及其拖点有无磨损或裂纹、挡销固定是否完好。

(3)检查船体各部位吃水情况。

(4)检查甲板各风筒、呼吸孔、注气孔、水密舱盖的密封情况、各桩腿箱及仓内各水密门的密封情况。

(5)检查平台各活动物品的固定情况、桩腿楔块及绷绳紧固状况。

(6)检查平台的纵倾及横倾、井架上下底座的固定情况。

注意:以上各项每小时巡回检查一次,巡查时必须二人一起,并按要求详细记录,发现异常立即报告安全值班负责人。

三、船舶操纵要点

(1)拖航时船体(平台)应保持适当的艉倾,艉倾量以0.5°为宜。

(2)平台航行期间应开启号灯,悬挂号旗。

(3)拖航组应随时掌握航道水深情况,以防航道太浅而导致桩靴受损或搁浅。

(4)严禁拖缆拖力超过安全工作拖力,拖缆拖力一般控制在 80 t 以内。

(5)拖航时应有适宜的拖航速度,一般不得大于 10 海里/小时。

(6)主拖船负责航行中的避让、航向的修正,确保平台沿计划航线行驶。每小时正点向平台报告航位、航向、航速、拖力、拖缆状况、风向、风速、浪高、能见度等数据。

(7)拖带船队通过海峡时,拖船和平台都应加强瞭望;转向时应慢速、小舵角地逐步进行,使拖缆保持正常受力,并尽量避免主拖船偏荡过大,以免影响操纵和拖缆承受过大的拉力。

(8)凡拖缆摩擦的部位,可采取必要的措施予以保护,并定期放出一段拖缆,防止拖缆局部产生磨损或疲劳。

(9)在大风浪中拖航应谨慎操纵,注意调整航向和拖缆长度,尽可能使拖船与平台同时处在波峰或波谷,以防止拖缆崩断。

(10)护航船应在主拖船前方 1.5 海里处清道,根据需要随时顶替主拖船的工作,在航行中始终与主拖船、平台保持联系,特别是在夜间航行时。

(11)在拖航过程中不得让拖缆抬出水面,但要防止在浅水区拖缆拖底而发生船舶碰撞事故。

(12)在大风浪中拖航应谨慎操纵,注意调整航向和拖缆长度,尽可能使拖船与平台同时处在波峰或波谷,以改善拖缆受力状况,防止拖缆崩断。

第四节 拖航期间应急措施

拖航期间如遇突发性的热带风暴的侵袭,应采取如下措施:

(1)及时向作业公司报告情况,作业公司在接到平台报告后,应及时上报钻井事业部,并将处理意见反馈给平台,并保持与平台的联络。

(2)平台可采取改变拖航速度或降低桩腿高度等措施,以缓和船体的运动及减少桩腿的应力,增加平台稳性,保护下部结构。

(3)必要时,平台可保持在原地滞航;条件允许的情况下,平台可自行插桩;无论如何,平台采取任何有效措施进行抗风,都应尽量在大风到来前付诸实施;具体实施时应同时参照各平台的《操作手册》及《应急手册》的有关要求执行。

(4)拖航途中如发生平台结构断裂及海损或失控漂移等情况,按《应急手册》相关程序执行。

第五节 平台就位与升降船作业安全

一、平台就位

(1)平台的准备

①平台到达井位前,准备好左右舷就位缆绳并在缆绳桩上盘好,留给拖轮的长度大约 20 m,每根缆绳系 10 m 长引绳。

②需要抛锚就位时,准备好锚漂、锚漂绳,检查好锚头缆。将锚机电源接通。将带缆人员安排好。

③在就位的同时,提前放桩,为各桩腿安排好值班人员。

④桩腿下放到一定高度,桩腿绷绳放松后,卸开绷绳,用吊车将绷绳吊回各桩腿。但有的平台无此工作。

(2)进场与选位

①平台进入井场前,应根据掌握的井场海流、风向、风力等情况,确定进场和定位方案。平台进场速度控制在 2 节以下。

②平台艏向的选择应考虑季风对平台的影响,应以钻井作业安全为主,同时兼顾通信联络、三用工作船靠平台、直升机起降安全等辅助作业,且平台生活区宜处于上风舷或侧风舷。

(3)就位风险和措施

钻井船靠平台就位时,存在以下风险:抛锚和桩靴对海底管线、海底电缆造成损害;钻井船和平台可能发生的碰撞;与平台的距离超出井位的设计要求的风险。作业者在拖航前应将平台周围水下的结构物、海底电缆和海底管线的图纸提供给拖航小组,拖航小组根据图纸资料制定安全科学的就位计划,避免事故的发生。

(4)下放桩脚注意事项

①下放桩脚前,应拔出所有的桩腿楔块(固桩块),检查升降系统周围是否有障碍物,确认没有影响下放桩脚作业的情况,方可作业。

②下放桩脚前,三个桩脚沉箱必须灌满水,以防止桩脚沉箱内向压裂。

当桩脚与海底接合时应注意:环境条件必须满足平台《操作手册》的要求;根据需要抛锚以减少平台的漂移;平台的横摇、纵摇和升沉不应超过平台《操作手册》规定的要求。

(5)插桩注意事项

①每条桩脚上的载荷不应超过平台《操作手册》规定的钻井装置在升降状态下容许的载荷;如若超过升降状态下容许的载荷而升船,将会导致齿轮齿条机构损坏而造成严重后果。

②检查所有的桩脚周围是否有影响升船的障碍物;确认没有后,方可进行升船作业。

③记录桩脚入泥情况。

④恢复深井泵到正常工作状态(如果水深条件允许,可提前开展此项工作)。

⑤当平台升至压载位置(其气隙高度根据涌浪高和压载期内的潮差确定。如若条件允许,应尽可能低)时应注意:缓慢放松拖缆及所抛出的锚缆;船体未离开浪高不得无故停止升船,以防海浪拍打船底致使平台结构受损;做好压载前的准备工作。

二、压载

压载是一项具有很大风险的工作,务必引起值班人员思想上的高度重视。按中控要求开启加水阀,人员不要远离放水阀,确保异常情况下能够迅速放水。

压载时应注意:

(1)压载前调整好升降马达刹车扭矩,检查压载舱海底阀是否灵活(若装了盲板的应拆除),同时准备好应急水泵。

(2)压载时每条桩脚上的载荷不得超过《操作手册》所规定的容许值及小齿轮静态承载极限负荷。

(3)压载期间任何人不得试图升高平台。

(4)按压载方案分3~4组进行均匀压载。

(5)负责压载操作的控制人员应认真操作和观察压载舱水位,各桩脚班要留专人观察桩脚情况,随时回答主控室的询问。

(6)每压载完一组应观察0.5~1小时,平台无倾斜变化,方可进行下一组压载。

(7)总压载量压完后,观察1~2小时,平台无倾斜变化,才能全部压载舱同时放水,至此平台压载作业完成。

(8)在平台压载期间,各岗位人员必须坚守岗位,集中精力;各桩脚值班人员要特别注意观察桩脚吃水变化,与主控室随时保持联系;同时主控室指挥人员要特别注意观察水平仪变化情况。

(9)如发现桩脚下沉平台倾斜,应立即向主控室报告,指挥人员应按平台《操作手册》对压载的要求,观察水平仪倾斜角度的变化,经观察证实倾斜值超过 0.5°,必须及时通知全部压载舱放水。经调平找正后方能重新加水再进行压载作业,切勿冒险,严禁违规作业。

(10)平台压载时,要求主机保持升降状态用电,不得停机、停电离岗。

三、升船

(1)在升船达到预定高度后,要对平台进行调平,使钻台游车与转盘中心偏差小于 10 mm。

(2)调平结束后,平台开始卸荷作业,将卸荷块放到卸荷螺母上面并向上旋紧卸荷螺母。

(3)卸荷作业结束后,按要求放入固桩块。升船作业结束。

四、升降船作业安全

进行升降船作业时,各桩人员需注意以下方面:

(1)拿固桩块时身体要避开,防止固桩块崩起伤人,同时注意将上、中、下三层所有的固桩块拿出,并放于合适位置。特别是最下层,一定要放平稳,防止平台晃动掉入固桩槽内。注意均要仔细检查,确保全部拿出,勿遗漏。

(2)卸荷时注意站立位置,以防摔伤或由于推拉踩空而伤害自己或别人。卸荷螺母露出螺纹最多不超过 10 cm。

(3)各桩由专人负责记录主、副缸压力等数据,起放桩腿吊篮,看管绷绳。

(4)解带龙须缆时,两台气绞车要同时上提下放,防止只有一台气绞车绳子吃劲。在龙须缆未完全带好前,操作气绞车人员不能离开气绞车,服从拖航人员指挥。当其连接好后,要将气绞车绳子放松,并考虑当拖轮朝左舷或右舷拖拉时气绞车绳子不至于绷断。

(5)升降船过程中发现异常立即通知中控,先停下来再观察、处理。

(6)当卸荷完放固桩块时,要将每桩各层的固桩块均匀放完,并注意固桩块方向。

(7)提放潜水泵时要防止卡、挂、脱钩或拉断钢丝绳。

(8)若要抛锚,先将锚头绳理顺,然后将拖轮地上的棕绳和锚头绳连接结实,慢慢将锚头绳从头顺下,注意人不能站在锚头绳内,以防当手拉不住时将人碰伤或带下。接着拔出安全挡销,确认离合器挂上,松开刹车,用操作手柄控制将锚下放。当锚到达海面后,摘开离合器,让拖轮拉锚,锚抛到位后,挂上离合器,收锚。同时注意电流是否在要求范围内。锚机滚筒钢丝绳余留量不得少于1/2滚筒长度。

(9)连接绷绳前先将花兰螺栓两头均调整到公扣超过母扣不少于5 cm,当绷绳绷紧后,用管钳上紧背帽,并用铁棍插入绷绳环套内固定于栏杆上,防止绷绳旋转倒扣。当绷绳绷紧时,人员要远离绷绳,防止绷绳旋转打伤人。

(10)降船前确认绷绳固定于吊篮栏杆的棕绳解开。

(11)升降船期间做好各桩腿人员的分工,明确负责人。

第五章　平台拖航稳性计算

第一节　拖航稳性基本知识

一、稳性的概念

稳性,在人们的常识里面是指一个物体或装备的稳定程度,也就是说大多数人会认为摇摆少、慢就是稳性。比如说,站在地上稳稳当当的,在独木桥上就不稳当。在船舶科学里面,稳性的概念却和人们想象中的完全相反。船舶稳性中,摇摆快的船或平台是稳性好的船舶!

平时人们常说的稳当,在船舶科学里面的定义是舒适性。比如,拖轮摇摆得比平台严重得多,大家可能会以为平台比拖轮稳性好。事实上,是拖轮比平台稳性好,拖轮摇摆频率快且幅度大,但最大的允许摇摆角度比平台大。而钻井平台,无论是自升式还是半潜式,它的摇摆都比拖轮缓慢,摇动到一定角度后就会直接倾覆,酿成灾难性事故。

因此,稳性和舒适性是船舶科学里的一对矛盾体。

船舶科学上的稳性定义是:船舶在其倾斜的外力消除后能自行回到原来平衡位置的性能。

保持钻井船在漂浮状态下的稳性是最重要的安全要求。油田拖航与远距离拖航都要控制和保持钻井船的稳性,尤其是远距离拖航,航程远,时间长,更容易发生意想不到的危险,所以更应予以特别注意。

稳性是漂浮物抵抗可能遇到的倾覆力的能力。漂浮物的稳定条件是:重心低于稳心。钻井船在拖航过程中要保持适当的储备稳性。

认识稳性的目的是了解船在倾斜后能够产生稳性力矩,该力矩的值能足以抵御风浪等倾斜力矩迫使船舶倾斜的威胁。

过大的稳性将导致剧烈的摇晃,对人员、货物、船体结构和航海仪器都不利,所以船舶应具有适当的稳性。

二、平衡的三种状态

(1)稳定平衡状态——如图5.1所示,微倾后,W和D组成稳性力矩,G点位于M点之下。由于存在稳性力矩,船体总能达到稳性状态。B_1为微倾后的浮心位置,由B_1向上作垂线与正浮时的中垂线相交于M点,此点M称为稳心,它是一个定点。

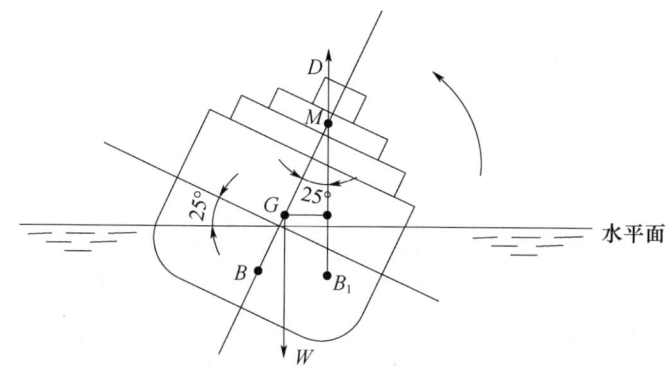

B—浮心;G—重心;M—稳心;W—重力;D—浮力

图5.1 稳定平衡状态

(2)随遇平衡状态——微倾后,W和D仍作用于同一垂线上,但G点和M点重合,此时的船体状态随外力的大小而达到不同的倾斜状态。如图5.2所示。这是船体比较危险的一个状态。

(3)不稳定平衡状态——G点位于M点之上,受力微倾后,W和D形成了渐大的倾覆力矩,此时船体便立即失去稳性,进而倾覆。如图5.3所示。这种状态说明了重心的垂向高度已经超出了控制范围,是禁止出现的状态。

上述三种状态分析,主要是看重心和稳心的相互位置。最理想的状态是重心在稳心的下方,微倾后总有一个平衡恢复力矩(也称复原力矩)存在,也就是说,第一种状态是控制的目标状态,即正浮状态(静水平衡状态):重力与浮力大小相等,方向相反并作用于同一条直线上。这是一种特殊状态,一般来说,在实际状态中,船舶浮于水面总是存在一定的横倾和纵倾,但控制横倾尽量小。为了减少拖航阻力,船体纵倾(尾倾)有时甚至是必要的,实际操作中也是这样控制的。

第五章 平台拖航稳性计算

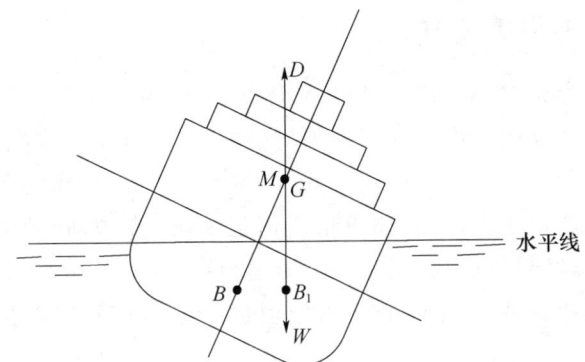

B—浮心；G—重心；M—稳心；W—重力；D—浮力

图 5.2 随遇平衡状态

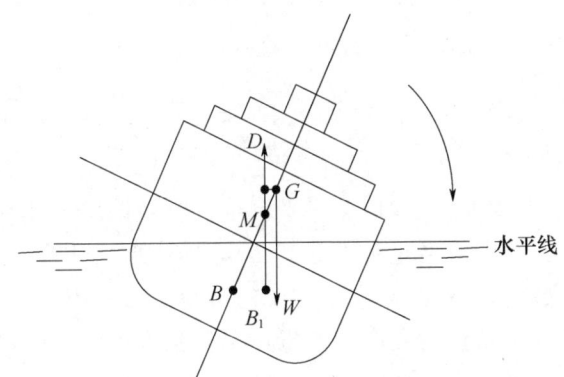

B—浮心；G—重心；M—稳心；W—重力；D—浮力

图 5.3 不稳定平衡状态

在实际使用中，要满足钻井船的稳性标准，抵抗倾覆能力就还必须满足下列两个制约条件：

(1)保持钻井船的水密性；

(2)检查、控制钻井船的重心高度。

重点是第二个条件，它对钻井船的稳性有直接的影响。重心高度愈高，稳性愈差，反之亦然。例如：一个人站在小船上和坐在小船上相比，站着容易翻船（重心高），坐着船就较稳（重心低）。当然，这仅是对船舶设计而言，在实际操作中移动式钻井平台的重心高度一般是不会出现问题的（当然亦需通过计算确认），反而是重心的纵向、横向位置是值得精心计算的。

三、平台的重量和重心

平台是一个庞大而构造复杂的水上建筑物,因而平台重量和重心的计算就成了一件繁复的工作。外形规则均质的物体,其重心在几何中心,对于复杂物体重量和重心的可以应用力矩原理求出:一个物体的重量等于组成该物体各部分重量之和,该物体重量对任意一点(或一轴)的力矩等于该物体各部分重量对同一点(或一轴)的力矩之和。

假设 n 是组成平台总重量的重量项数;$W_1, W_2, \cdots, W_n$ 是各部分的重量,则平台的总重量 $= W_1 + W_2 + \cdots + W_n = \sum_{i=1}^{n} W_i$。

假设平台总的重力作用中心为 G,G 点的纵向、横向、垂向的坐标分别 X_G、Y_G、Z_G,组成总量的各部分重心坐标为:纵向 $X_1, X_2, X_3, \cdots, X_n$;横向 $Y_1, Y_2, Y_3, \cdots, Y_n$;垂向 $Z_1, Z_2, Z_3, \cdots, Z_n$。

根据力矩的原理,$X_G = \dfrac{W_1 X_1 + W_2 X_2 + \cdots + W_n X_n}{W_1 + W_2 + \cdots + W_n} = \dfrac{\sum_{i=1}^{n} W_i X_i}{W}$

当平台重量有较大变动时,会对平台进行倾斜试验。比如坞修后,平台的设备有大的变动,内部经重大改建等。倾斜试验的目的是为了确定空船状态下的重心位置和初稳心高度。传统的试验方法是用 4 组(或 2 组)重量相等的铁块,通过左右移动使船舶产生一定的倾斜角度来确定重心高度。

第二节 拖航稳性名词解释

浮心 CB:平台主船体所排开水的重心是船舶浮力的作用中心,称为浮心,也就是排水体积的几何中心,随水线下船体体积的变化而变化。箱形船体的浮心正浮位置在船舯线二分之一吃水深度上。如图 5.4 所示。

垂向浮心 VCB:从船底到浮心的垂直距离。

纵向浮心 LCB:从船艏 0 号肋位往后到浮心位置的水平距离。

重心:物体重量的中心点称为重心。平台最重要的一个稳性参数就是船体空船重心位置(操船手册中可查到),它由倾斜试验确定得出,据此编写稳性报告书(包括调载),最后稳性计算结果的船体重心位置接近空船重心位置数据,就说明船体是具有稳性的。如图 5.4 所示。

第五章 平台拖航稳性计算

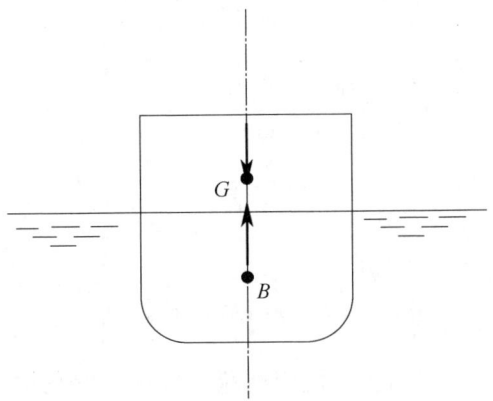

图 5.4 浮心 B 和重心 G 的位置关系

重心位置：用船体坐标系来描述，包括船体纵向中心线（龙骨线）、基线（船底）、基线之垂线、船舯线等变量，自物体的重心到船艉（零点也可定为船艏）的距离称为纵向重心 LCG 坐标，到船体中心线的距离称为横向重心 TCG 坐标，到基线的距离称为垂向重心 KG 坐标。一般自艉向艏、自基线向上和自中心线向左为正值，反之为负值。舯左为负，舯右为正。坐标系如图 5.5 所示。

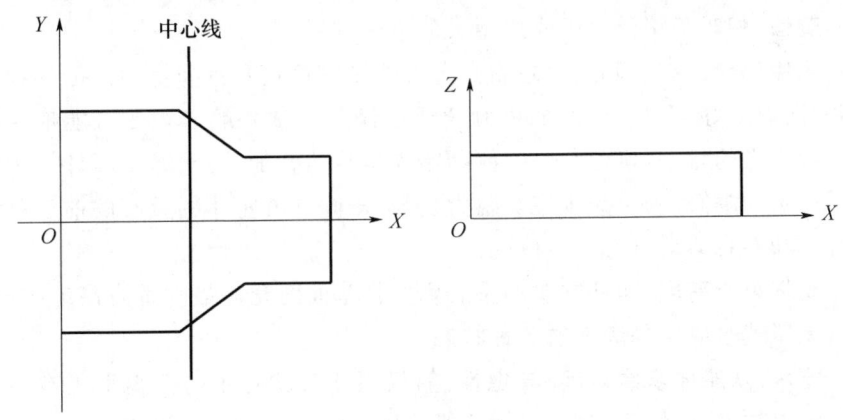

图 5.5 船体坐标系

漂心：船舶水线面积的几何中心称为漂心。通常漂心在船舯附近。在正浮条件下，由于水线面形状是左右对称的，故漂心 F 在纵向中心线上。一般平台船体虽然是箱形体，但船体艏艉是不一样的，故通常漂心在船舯附近。如图 5.6 所示。

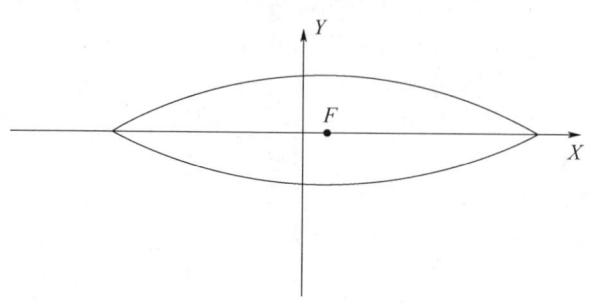

图 5.6　F 为纺锤形水线面的漂心

LCF 纵向漂心是往船艉方向距船艏一定水平距离的一个点,当纵倾时船体绕此点转动。

TCF 横向漂心一般认为在平台中心线上(对于具有对称主船体形状的平台而言)。

稳心半径:简单地说就是稳心到浮心的距离。在等容微倾条件下,船舶在横倾过程中浮心移动的轨迹,是以稳心为圆心,以稳心到浮心的距离为半径的一段圆弧,故稳心到浮心的距离称为稳心半径,其中包括横稳心半径和纵稳心半径。

艏倾:相对于正浮时艏吃水增大的纵向倾斜。

艉倾:相对于正浮时艉吃水增大的纵向倾斜。

纵倾(分艏艉)、横倾(分左右):过大的纵(横)倾亦将降低钻井船的稳性储备,所以最好不要有初始的横倾角或纵倾角。钻井船必须尽可能地保持倾角近于零的状态,避免纵(横)倾初始和实际的叠加。当然,实际计算中保持了一定的艉倾(利于减少拖航阻力)。纵横倾是由船体的重心的前后移动(纵倾)和左右移动(横倾)造成的。

允许重心高度:即钻井船的重心到龙骨基面的允许最大垂直高度(分桩靴有无压载水或风暴潮拖航各种状态)。

吃水(从船体基线算起)与稳性:船只漂浮时的吃水与其稳性是有关系的。吃水越大,稳性可能越差,钻井船在风浪中翻沉的可能性也越大。在任何时候,都不允许超过载重吃水线。

允许拖航可变载荷:固定数值,不允许超过允许值。

允许作业可变载荷:固定数值,不允许超过允许值。

悬臂梁(或井架及上下底座)移位:拖航前,从槽口前移至船体空船位置并固定。

漂浮状态下的吃水/重心高度曲线:漂浮状态下,船体重心高度和吃水均不应超过曲线允许范围。

静水力曲线:根据船体图提供的数据,利用近似计算法进行正浮吃水时的船体计算绘制的曲线。

横摇角:横摇是平台对船体纵向中心线的向左右舷的转动。横摇角为从垂直位置往左舷或往右舷测到的横摇最大角度。

横摇周期:横摇周期是平台经过一个完整运动周期所花费的时间。此周期在正常情况下为从垂直位置到往左舷的最大横摇角,通过往右舷的最大横摇角再返回到垂直位置所花费的时间。

纵摇角:纵摇是平台对船体横向中心线的向前后的转动。纵摇角为从垂直位置往前或往后测到的纵摇最大角度。

纵摇周期:纵摇周期是平台经过一个完整运动周期所花费的时间。此周期在正常情况下为从垂直位置到往前的最大纵摇角,通过往后的最大纵摇角再返回到垂直位置所花费的时间。

升沉:升沉是平台在垂直轴上的运动。升沉为平台的总体运动,从最高点测到最低点。

升沉周期:升沉周期是平台从最高点到最低点,然后又返回到最高点走过的一个完整升沉运动周期所花费的时间。

航距:根据中华人民共和国海洋石油天然气行业标准划分,见表5.1。

表 5.1 航距分类

类别	衡量标准
近距拖航/自航	100 海里以内(含 100 海里)
中距拖航/自航	100~300 海里(含 300 海里)
远距拖航/自航	距离在 300 海里以上

航区:根据海洋石油天然气行业标准划分,见表5.2。

表 5.2 航区分类

类别	衡量标准
开阔海域	离岸 12 海里以外的海域
近海	离岸 12 海里以外、300 海里以内的海域
沿海	离岸 12 海里以内(包括 12 海里)的海域

储备浮力：是表征船舶适航性的指标之一，是指满载水线以上船体水密空间所能提供的浮力。

当船舶由于某种原因下沉，使吃水增加，该水密容积能继续提供浮力，使船舶仍能漂浮于某一水线面而不致继续下沉。因此储备浮力是确保船舶安全的一个重要指标。储备浮力通常以满载排水量的百分比来表示，视船舶类型、航区、货运种类而不同。储备浮力的大小可用干舷来衡量。

干舷：是衡量船舶储备浮力大小的尺度，船舶载重量越大，吃水越大，干舷越小，储备浮力也越小；船舶载重量越小，干舷越大，储备浮力也越大，船舶航行就越安全。为保证船舶在不同海区、不同季节情况下安全航行，船舶检验部门根据各船的船体强度和稳性等条件，具体勘绘船舶的最小干舷高度，并在船舶两舷勘绘载重线标志，以限定船舶的最大吃水。

最小干舷保证船舶在满载后，仍具有一部分储备浮力。它能确保船舶在甲板上浪、结冰和发生海损时，当船舶载重量在一定限度内增加或浮力减小的情况下，仍能安全地浮于水面上。储备浮力的大小与船舶的类型、结构、航行季节和区域有关。

船舶载重线标志：是指为标明船舶载重线位置，用以检查装载状态使之不小于已核定的最小干舷，而按载重线公约或规范所规定的式样勘绘于船舯两舷的标志。船舶载重线标志包括甲板线、载重线圈及各载重线。

为保证船舶航行安全，在船舷处勘划的船舶在不同海区和季节须使用相应的载重线标志。载重线标志(图 5.7)包括外径为 300 mm、线宽为 25 mm 的一圆环，和与圆环相交长为 450 mm、宽为 25 mm 的一条水平线。该水平线上边缘通过圆环中心。圆环中心位于船舯，至甲板线上边缘的垂直距离等于核定的夏季干舷。各载重线与一根位于圆环中心前方 540 mm、宽为 25 mm 的垂直线相垂直，分别以长为 230 mm、宽为 25 mm 的水平线所表示，通常有夏季、冬季、冬季北大西洋、热带、夏季淡水、热带淡水等各载重线。载重线的上缘就是船舶在该水域和该季节中所允许的最大装载吃水的限定线。

图 5.7 中的各条载重线含义如下：

TF(tropical fresh water load line)表示热带淡水载重线。

F(fresh water load line)表示淡水载重线。

T(tropical load line)表示热带海水载重线。

S(summer load line)表示夏季海水载重线。

W(winter load line)表示冬季海水载重线。

第五章　平台拖航稳性计算

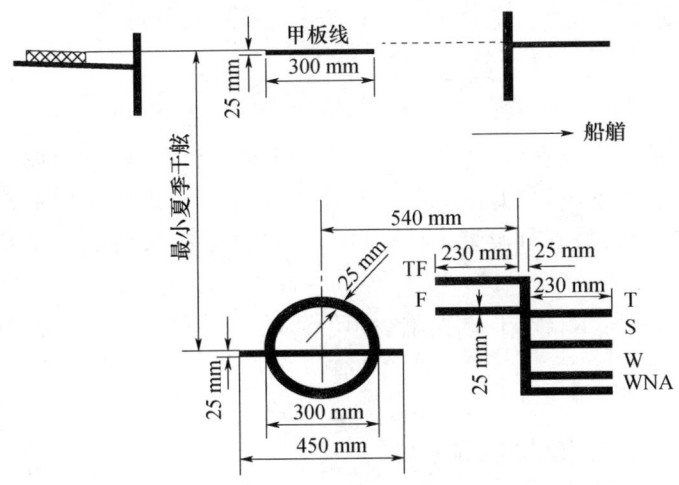

图 5.7　载重线标志

WNA(winter North Atlantic load line)表示北大西洋冬季载重线。

我国船舶检验局对上述各条载重线,分别以汉语拼音首字母为符号(为表示区分,Q 代表淡水),即以"RQ""Q""R""X""D"等表示。

水尺:用来表示吃水的标记,刻画在艏和艉左右两侧的船壳板上(大船还在船舯的左右舷标明水尺),有公制和英制两种表示方法。以公制标记时,每个数字高 10 cm,字与字的间隔也是 10 cm;以英制标记时,每字高 6 英尺,间隔也是 6 英尺,如图 5.8 所示。

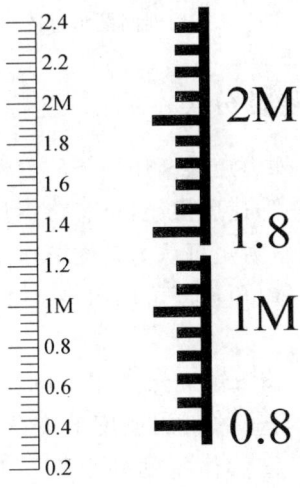

图 5.8　吃水线标志

第三节　稳性分类

扰动力矩(矛盾外因)造成船舶倾斜,取决于外界条件,复原力矩(矛盾内因)取决于排水量、重心高度及浮心移动的距离等因素。外因通过内因起作用。稳性问题是着重研究和计算这一矛盾的内因(复原力矩)及其有关的影响因素。

如图 5.9 所示,浮力 D 和重力 W 形成一个力偶。力偶的矩称为复原力矩:

$$M_R = \Delta \cdot GZ$$

式中,GZ 为复原力臂;Δ 为排水量。

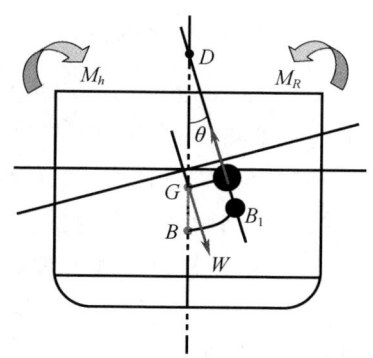

图 5.9　稳性问题示意图

一、从受力观点对稳性分类

(1)静稳性,是船舶在外力矩逐渐作用下的稳性。倾斜力矩从零开始逐渐增加,使船舶倾斜时的角加速度很小,可忽略不计。船上重物移动或在一侧装载少量货物引起的倾斜力矩可认为是逐渐作用的外力矩。受外力矩逐渐作用时船舶倾斜较慢,倾斜角速度可以忽略不计。根据倾角大小,可分为初稳性和大倾角稳性。

(2)动稳性,是船舶在外力矩突然作用下的稳性。倾斜力矩是突然作用在船上,使船舶倾斜有明显的角加速度的变化。阵风突然袭击和海浪冲击引起的倾斜力矩属于突然作用的外力矩。力的突然作用,使船舶很快倾斜,这就需要考虑倾斜时的角速度和惯性。在静力作用下,外力矩不超过船舶的最大复原力矩,船舶就不会倾覆。但在动力作用下,由于惯性,即使满足复原力矩与外力矩相等,船舶还会继续倾斜,只有当外力矩所做的功被复原力矩所做的功抵消时才能停止倾斜。因此,衡量动稳性优劣的指标是复原力矩所做的功。船舶倾斜中最危险的情况是船舶摇摆到最大摆幅正要复原时,受到与复原方向一致的突加力矩作用,船舶在两个同方向力矩作用下倾斜加剧。此时能使船舶倾覆的最小突加外力矩称为最小倾覆力矩。最小倾覆力距的数值与装载情况、船型、航区、波浪周期及摇摆程度有关。风压动倾力矩根据船舶的航区、受风面积和面积中心来确定。船舶的受风面积越大,面积中心位置越高,航区中风浪越大,稳性问题就越严重。

所有的钻井平台,其总体受风面积都大,故稳性问题就比其他船舶严重,更需要认真对待。

二、从倾斜角度的大小对稳性分类

(1)初稳性(小倾角稳性),指倾斜角度小于 10°～15°或上甲板边缘开始入水前的稳性。通过某些简化假定,可简明获得影响初稳性的因素及其变化规律;船舶作倾角小于 10°倾斜时的稳性,又称小倾角稳性。

(2)大倾角稳性(大倾角横稳性),指倾斜角度大于 10°～15°或上甲板边缘开始入水后的稳性,一般只有在横倾时产生,是船舶作倾角为 10°以上倾斜时的稳性。

三、按破舱与否对稳性分类

破损稳性是当平台水密完整性遭到部分破坏时描述平台稳性的术语。在平台的设计过程中,由于平台的破损,发生浮力损失的可能性被加以评估。破损浮力损失时平台的生存能力取决于平台的剩余未破损部分的水密完整性。按破舱与否将稳性划分为以下三类:

(1)第一类,舱的顶部位于水线以下,船体进水后海水灌满整个舱室,但舱顶未破损。

(2)第二类,进水舱未被灌满,舱内的水与船外的海水不相连通,有自由液面。

(3)第三类,舱的顶部位于水线以上,舱内的水与舱外海水相通,因此舱内水面与舱外海水保持同一水面。

第四节 拖航稳性相关方法及指标计算

一、拖航稳性方法

当船舶处于紧急倾覆危险状态时,宁可消耗储备浮力以换取稳性来赢得时间,以便抢救文件和贵重物品以及放下救生工具逃生脱险。拖航稳性方法一般有下面三种,可先后采用,也可同时采用进行综合平衡。

(1)移载法:利用燃料和水来调整纵横倾斜,即将油、水驳到破损的相反一侧。这种方法不消耗储备浮力,但必须配备强大的动力,否则效率较低。

(2)排出法:用抛弃进水一舷的油、水来调整倾斜,这种方法同样需要强大的动力,抛弃时首先考虑上层的、自由液面较大的部分。

(3)对称灌注法:向破损舱室对称位置的舱内灌注海水。此法效率高,但损失储备浮力。只适用于水密分舱很多的船舶。灌注时,先从低的、小的舱室开始。

二、稳性相关指标及计算

1. 初稳性

小角度倾斜是船在航行中经常发生的。此时,船舶有无稳性及稳性优劣决定于横稳心高度(又称初稳性高度),即从重心 G 到稳心 M 的垂直距离 GM(图 5.10)。稳心 M 为船舶倾斜时,浮心移动轨迹的曲率中心,在小角度倾斜时,可视作是一个固定点。具有初稳性的船舶,倾斜后浮力能够与重力 W 构成一个使船复原的力矩,其值 $M_R = \Delta \cdot GM \cdot \sin\theta$。式中 Δ 为船舶的排水量;θ 为倾角。横稳心高度为正值,稳

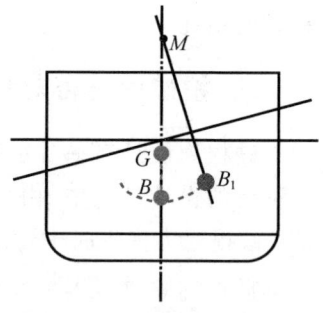

图 5.10 小角度倾斜

心在重心之上,GM 值大,船舶的复原能力也大。但过大的横稳心高度会使船舶在风浪中剧烈摇荡,使适航性变差。因此,要选择适当。

一般上限值取决于对船舶横摇周期的要求,最低值为平台安全要求所确定。
初稳性研究假定前提是:Δ 一定时,横稳心点 M 位置固定不变,浮心 B

以 M 点为圆心、BM 为半径在平衡位置两侧做圆弧轨迹运动;船舶横倾为等容微倾,倾斜水线过初始水线面漂心 F(图 5.11)。

基于以上假设可得初稳性方程式
$$M_R = \Delta \cdot GZ = \Delta \cdot GM \cdot \sin\theta$$

初稳性高度 GM 的计算(图 5.12):
$$GM = KM - KG$$

式中,KM——稳心到基线的高(可从船舶或平台的资料中查取)。

KG——重心高度,计算如下:

$$KG = \frac{\sum(P_i \cdot Z_i)}{\Delta}$$

P_i——组成总重的第 i 项载荷重量。

Z_i——载荷 P_i 距基线的高度,确定方法有三种:估算法、利用舱容曲线图或数据表、取舱容中心高度,此处用下式计算:

$$Z_i = \frac{货物高度}{2} + 货物底端距基线距离$$

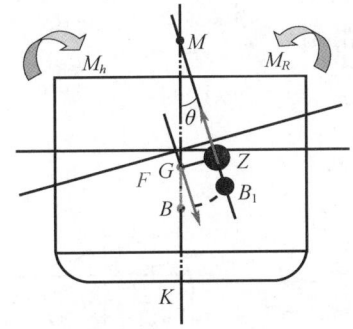

图 5.11　初稳性假定

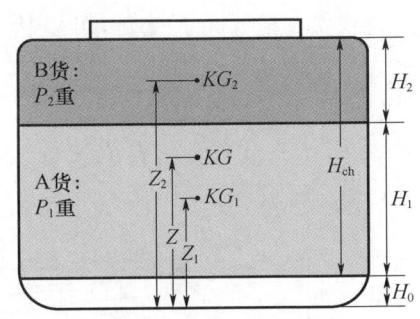

图 5.12　初稳性高度

横稳心高度是衡量初稳性的主要指标。横稳心高度越大(即相同条件下重心高度 KG 越小),复原力矩 M_R 也越大,抵抗倾斜力矩的能力越强。

横稳心高度是决定横摇快慢的一个重要特征数。横稳心高度过大的船,摇摆周期短,在海上遇到风浪时会产生剧烈的摇摆,反之,横稳心高度较小的船舶虽然抵抗倾斜的能力较差,但摇摆周期长,摇摆缓和。

2. 大倾角稳性

大倾角倾斜时,船舶水下部分形状发生较大变化,倾斜前后水线面积形状也发生较大变化,因此船舶倾斜后两个水线面交线不再通过初始水线面的中心,即原漂心。

大倾角稳性指船舶倾角大于 $10°\sim15°$ 或上甲板边缘开始入水后的静稳性。横稳心点 M 不再是定点。M 点变为浮心 B 的渐近线,随横倾角变化而变化,非等容微倾。即研究初稳性时的两项假设不再成立,GM 不能作为衡量大倾角稳性的指标,而是利用复原力矩表征其静稳性。

因此大倾角稳性就不能用初稳性高度 GM 来表示,但复原力矩还是一样存在:$M_B = \Delta \cdot \overline{GZ}$。

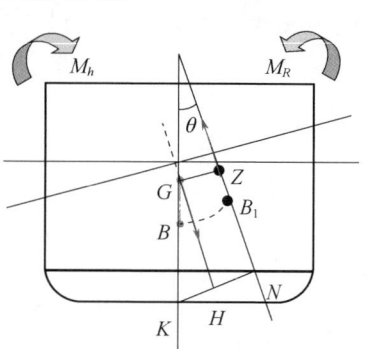

如图 5.13 所示,因为复原力臂 GZ 与 HN 相等,而 $HN = KN - KH$,所以未经自由液面修正的复原力臂为

$$GZ = KN - KH = KN - KG\sin\theta$$

式中,GZ——复原力臂;

KN——形状稳性力臂,其值随排水量和横倾角而变化,可以从船舶稳性横交曲线上查得;

图 5.13 大倾角稳性

KH——重量稳性力臂。

图 5.14 为形状稳性力臂 KN 曲线(稳性交叉曲线)。

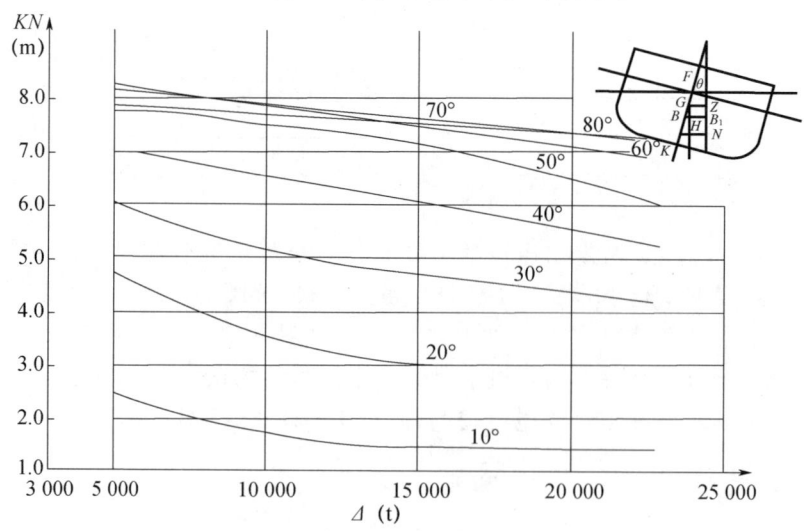

图 5.14 稳性交叉曲线

3. 静力倾斜与动力倾斜

静力倾斜：当船在倾斜中、速度小得可以忽略时，称船受到外力矩的静作用。例如在船的一舷逐渐装上货物，使船缓慢地倾斜到某个角。静倾斜力矩为 M_C，其静倾斜角为 θ_C。注意：在静力倾斜过程中，外力矩与复原力矩一直保持相等。

动力倾斜：船舶受到的外力绝大多数是属于动力作用的情况。例如一阵大风吹来，船迅速地倾斜到一个角度 θ，在此过程中角速度很大，或者说有明显的角速度。

假设阵风 M_D，其大小同 M_C（静倾斜力矩），即可比较出静力和动力作用有很大区别。

如图 5.15 所示，在 OA 段：$M_D > M_B$，倾斜角速度不断增加。

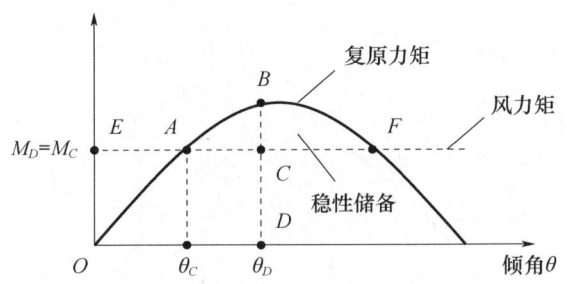

图 5.15 静力倾斜与动力倾斜

在 A 点：$M_D = M_B$，倾斜角速度达到最大，由于惯性的作用，船的倾斜不可能在 A 点停下来，而会继续倾斜下去。

在 AB 段：$M_B > M_D$，倾斜角速度不断减小。

在 B 点：倾斜角速度 $=0$。

B 点就是船在阵风 M_D 作用下倾斜瞬时的平衡位置，其对应倾角 θ_D 称为动倾角。到 B 点后，因为 $M_B > M_D$，所以船不可能在 B 点持久停留，必然又会从 B 点向 A 点摆回去，由于惯性作用也不会在 A 点停留下来，而是以 A 点为中点，来回做若干次摆动，在水阻力的作用下最后静止在 A 点位置。A 点所对应的倾角称为稳定倾角 θ_C。

由此可看出：动力作用要比静力作用危险得多。

同一条船，如果作用同样大小的动力矩 M_D 和静力矩 M_C，结果是 M_D 引起的倾角 θ_D 比 M_C 引起的倾角 θ_C 大得多，有时几乎成倍增加。

显然，复原力矩所做的功应等于动倾力矩所做的功。

即
$$M_D \cdot \theta_D = \int_0^{\theta_D} M_B \cdot \mathrm{d}\theta$$

也就是面积 $OECD = OABD$。

∵ 面积 $OACD$ 为公用部分

∴ 面积 $OEA = ABC$

从图中可以看出，多出一块面积 BCF，这就是复原力矩做功的储备量，称为稳性储备。

4．极限动倾力矩

当稳性储备为零时，此时的外倾力矩等于极限动倾力矩 $M_{D\max}$（图 5.16）。

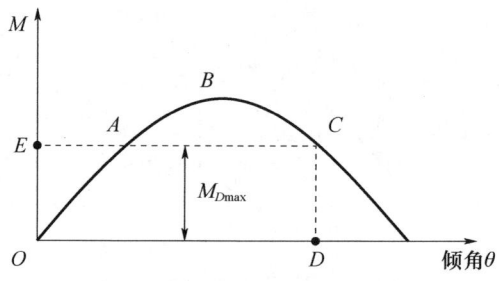

图 5.16　极限动倾力矩示意

面积 $OECD = OABCD$

∵ 面积 $OACD$ 为公用部分

∴ 面积 $OEA = ABC$

$M_{D\max}$ 表示船舶能承受的最大动倾力矩。

5．进水角影响

使非水密性开孔开始进水的倾角 θ_F 称为进水角。为了安全起见，通常认为这些非水密部位一旦进水，船的稳性就丧失了。由于这个原因，假定静、动稳性曲线只在进水角前有效。如图 5.17 所示。

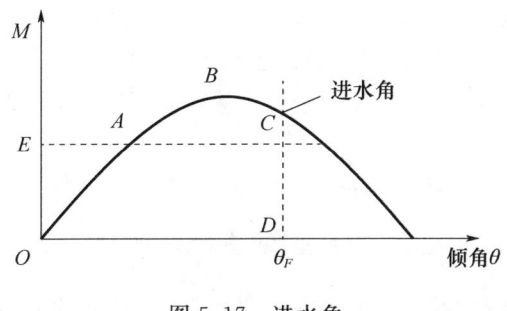

图 5.17 进水角

6. 影响钻井船稳性的不利因素

(1)新增设备等增重。重量增加以后,干舷会减小,还可能引起不必要的纵倾或横倾。因此平台不能随意增加设备(重量),必须事先经过严密的计算,计算结果在平台的允许参数之内才可增加。

(2)环境载荷增重。附着的冰雪。

(3)其他增重。海生物或桩靴上部表面沉积的泥土。

(4)甲板货物移动。拖航中,由于船体颠簸摇摆或海浪的冲击可能导致甲板固定的货物移动,由货物移动的冲击而撞坏甲板的设备、设施(风筒、人孔等),对人员造成撞击、挤压伤害并使钻井船出现不正常的纵倾或横倾而带来风险。所以,拖航前的甲板物品固定和拖航中的安全检查是非常重要的。

(5)初始的横倾。对船体或设备出现正常的增减(移动),要将其变化情况,放到稳性计算中一同处理。转移液体载荷是用来平衡重物移动的最常用的方法,这是我们常说的配载、调平。此时,如液舱未满,则要计入自由液面系数,自由液面系数大,则会降低钻井船稳性。所以,拖航时,尽量减少不满的相同液质的舱室。

7. 载荷增减对 KG 的影响

一般新增设备及环境增重属于少量载荷变动,仅限于载荷变动的代数和小于当时排水量 10% 的情况。假设少量载荷改变前和改变后船舶初稳性高度为 GM_1 和 GM_2,横稳心距基线的高度为 KM_1 和 KM_2,重心距基线的高度为 KG_1 和 KG_2,自由液面的影响忽略不计。又设少量载荷改变后引起的船舶重心距基线的高度变量为 δKG,可推导出

$$GM_2 = KM_2 - KG_2 = KM_2 - (KG_1 - \delta KG)$$
$$= KM_2 - KM_1 + GM_1 + \delta KG$$

通常忽略少量载荷变动对横稳心距基线高度的影响,即设 $KM_2 - KM_1 = 0$,所以

$$\delta KG = GM_2 - GM_1 = KG_1 - KG_2$$

8. 甲板货物的横向以及垂向移动计算

载荷横向(水平)移动:由于是移动载荷,船舶排水量保持不变,即当已知原排水量和 GM 时,为消除初始横倾角,需将重物 P 横向移动距离 y(图 5.18)。

$$P \cdot y = \Delta \cdot GM \cdot \mathrm{tg}\theta \Rightarrow \mathrm{tg}\theta = \frac{P \cdot y}{\Delta \cdot GM}$$

$$GM = \frac{P \cdot y}{\Delta \cdot \mathrm{tg}\theta}$$

载荷垂向(垂直)移动:垂直移动载荷不会引起船舶排水量的改变。若设调整前后初稳性高度的变化量为 δGM,又设计划将重量 P 载荷的重心位置垂向移动 Z 距离(图 5.19),则根据重量移动原理可得

$$\delta GM = \frac{P \cdot Z}{\Delta}$$

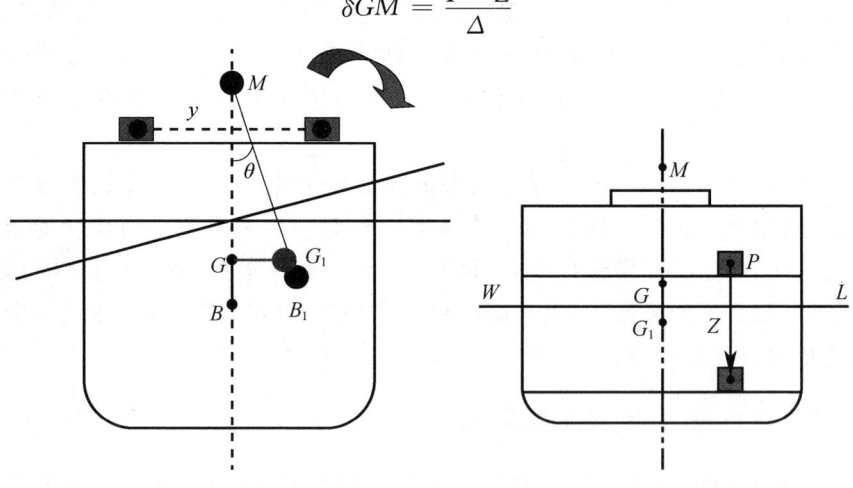

图 5.18 甲板货物横向移动　　图 5.19 甲板货物垂向移动

9. 初始横倾的影响

初始横倾即横倾角不等于零的情况,产生原因包括:

(1)货物装卸左右不均;
(2)油水使用左右不均;
(3)压载水排水左右不均;
(4)货物横向移动;
(5)船吊装(卸)重大件。
调整方法有两种:①从产生原因上消除;②横向移动载荷或侧翼压载。

10. 自由液面影响

自由液面是指船舶的液体舱中装有液体但未满舱时的液面。
自由液面产生的效应有以下方面:
(1)自由液面的存在使初稳性高度 GM 恒减小。
(2)规则液舱自由液面效应与液位无关。
(3)自由液面效应受计算方向舱宽的影响最大。
(4)排水量较大的船舶受自由液面效应影响较小。
(5)自由液面效应与舱内液体密度有关。

自由液面修正值 ΔKG 为自由液面对初稳性高的修正值,其数值只与自由液面的大小和船的排水量有关,与体积无关。

$$\Delta KG = I \times r / D \qquad \text{m}$$

式中:I 为未装满的液体舱液面惯性矩(m^4)(由舱容表查得);r 为液体比重(t/m^3);D 为计算状态下的排水量(t)。

注意:每一个未装满的液体舱都需计算自由液面修正值,且全部计入全船重心高度,最后的重心高度为

$$KG = KG' + \Sigma \Delta KG \qquad \text{m}$$

式中,KG' 为重量重心表格中所得的全船重心高度(m);$\Sigma \Delta KG$ 为所有未装满的液体舱的自由液面修正值总和(m)。

因此,自由液面的影响使初稳性高减小,即降低了船的初稳性。如果自由液面很大,惯性矩 i_x 也很大,可能会使船失掉初稳性。

自由液面的惯性矩可以通过查找船舶的资料获得,对于液面形状规则的货舱也可以通过计算得出。

$$i_x = klb^3$$

$$\delta GM_f = \frac{\sum r \cdot i_x}{\Delta}$$

式中，λ 为液面长(m)；b 为液面宽(m)；r 为液体比重(t/m^3)；k 为系数，矩形液面的 $k=1/12$，直角三角形液面的 $k=1/36$，等腰三角形液面的 $k=1/48$，直角梯形液面的 $k=1/36$，等腰梯形液面的 $k=1/48$。

设有一长方形的容器，其自由液面对其倾斜轴的惯性矩 $i_x = \dfrac{l \cdot b^3}{12}$。

若采用一个纵舱壁后，两个自由液面对于其倾斜轴的面积惯性矩总和为

$$\sum_{j=1}^{2} i_{xj} = 2 \times \frac{l \cdot (b/2)^3}{12} = \frac{1}{4} \times \frac{l \cdot b^3}{12}$$

可以证明，如用采用两道纵壁将自由液面分为三等分，则自由液面的影响可减小到 $1/9$；自由液面分为 n 等分，则自由液面的影响可减小到 $1/n^2$。

11. 吃水差的计算

吃水差 t 是指船艏吃水 d_F 与船艉吃水 d_A 的差值，即 $t = d_F - d_A$。当艏艉吃水相等即 $t=0$ 时，称为平吃水；当艏吃水大于艉吃水即 $t>0$ 时，称为艏倾，俗称拱头；当艉吃水大于艏吃水即 $t<0$ 时，称为艉倾，俗称艉沉。

对于特定船舶，其每厘米纵倾力矩 MTC 不依赖于船上载荷的垂向分布而仅随排水量变化，可以直接从船舶资料中查取。MTC 也可以直观地理解为当船舶吃水差改变 1 cm 时，船舶本身所具有的纵向复原力矩。船舶在任一状态下引起吃水差的纵倾力矩 MT 是船舶重力对船舯力矩 $\sum P_i X_i$ 和浮力对船舯力矩 ΔX_b 之差（因与重力方向相反故取负号）。

$$t = \frac{MT}{100 \times MTC} = \frac{\sum P_i X_i - \Delta X_b}{100 \times MTC}$$

$$X_g = \frac{\sum P_i X_i}{\Delta} \text{ 得出 } t = \frac{\Delta \times (X_g - X_b)}{100 \times MTC}$$

式中，$\sum P_i X_i$ ——全船所有载荷对船舯力矩的代数和；

X_b ——浮心距船舯距离；

X_g ——重心距船舯距离；

Δ ——船舶排水量；

MTC ——每厘米纵倾力矩。

这就是船舶吃水差的基本计算公式。船舶的艏吃水 d_F 和艉吃水 d_A 分别是：

$$d_F = d_m + \frac{\frac{L_{bp}}{2} - X_f}{L_{bp}} \cdot t = d_m + \frac{t}{2} - \frac{X_f \cdot t}{L_{bp}}$$

$$d_A = d_m + \frac{\frac{L_{bp}}{2} + X_f}{L_{bp}} \cdot t = d_m - \frac{t}{2} - \frac{X_f \cdot t}{L_{bp}}$$

式中,d_m——船舶平均吃水;

L_{bp}——船舶垂线间长;

X_f——船舶漂心距船舯距离。

第五节 稳性计算

钻井船漂浮状态的稳性计算,主要取决于船体重量和重心的计算,最后将计算结果与允许值进行对比,验证其在允许值内,从而保证钻井船的稳性达到了要求。

一、稳性计算相关说明

1. 计算中的几个问题

(1)计算参考资料:船体布置总图、静水力曲线表及重量重心计算书。
(2)重量重心计算目的:
①校核载荷情况,检查吃水是否符合拖航条件;
②校核重心高度,使其不得超过拖航时的允许值;
③调整纵倾便于拖航。
(3)按计算表进行计算(计算表由钻井平台设计部门给出)。

2. 稳性计算中涉及的术语

(1)空船重量:由基本载荷和固定载荷组成。基本载荷由船体、桩腿、桩靴、升降装置、舱口、水密门、人孔及船体周边栏杆等组成。固定载荷由舾装及甲板设备、钻井设备、动力设备、电器设施以及属于本船不动的设备组成。

空船重量的改变应向平台经理报告,平台经理应持有一个流水记录以记录这些信息。这些改变的记录也应存放在平台上。改变可以是重量增加也可以是重量减少。

(2)可变载荷:它是钻井船在作业期间所需供应品的重量,包括各种消耗品及临时装在船上的设备。如舱内的燃油、滑油、液压油等、淡水、钻井水、钻井泥浆、水泥、重晶石等;阀、钻杆、钻具及其他所有各处的零散载荷。注意,船上的人员及用品、食品、备件等,每次计算认为它们是不变的。

钻井船服役期间,基本载荷和固定载荷如有变动,均将改变空船重量和允许的可变载荷。任何数值的变动,均应计入以后的稳性计算中。具体操作如下:

①第一步,测量和记录每个舱的液体水位(深度)。参照舱容表,输入记录水深处的重量和重心。使用直线插值法来得到位于两个表值之间的数据。

②确保压载舱中所有残留水、任何舱底和空舱中的液体均包括在荷载记录中。

③如果一个舱装有与生成舱容表所用密度不同的液体,此舱的重量需要重新计算。

④记录每一个没装满的液舱的纵向自由液面弯矩 FSML 和横向自由液面弯矩 FSMT。没装满,意思就是既不全装满也不完全为空(自由液面)。

如果一个舱装有一种与用于创建舱容表的密度不相同的液体,FSML 和 FSMT 需要重新计算,将每一个 FSM 乘以一个比率(实际密度/表中密度)。

⑤在固体荷载组中,记录列出的单个位置处的任何荷载的重量和重心,加上任何没有特别列出的其他荷载。计算弯矩并在荷载表中记录数据。然后将单个重量和弯矩列加在一起以产生此组的总和。

⑥在平台移动期间,钻井包应滑到前面的存储位置。相对于转盘中心的任何可变荷载的重心(如悬臂梁、钻台荷载)必须做相应调整(对于 LCG,将转盘中心向后的距离加到转盘中心 LCG 上;从转盘中心减去转盘中心前面的距离。如果钻台存储偏离于中心线,在此项目 TCG 上增加转盘中心 TCG,向右舷为正,向左舷为负)。

(3)自由液面修正值(仅用于未满液体舱),是计算重心高度时的其中一组数据。只要有自由液面存在,就会降低钻井船的稳性。

(4)静水力参数:是一组描述钻井船漂浮状态的数据,由静水力曲线图表来显示。它由船舶设计单位给出,是稳性计算用的关键图表之一。

(5)计算的实际状态有两种:

纵向——计算出的重心与浮心同在一条龙骨中心线上,且重心在浮心后稍许(15~20 cm)。

横向——如重心偏离龙骨中心线的左或右,那就需要配载(调平计算),去除横倾。

注意:稳性计算结果要由船舶检验部门审核认可,然后由其签发适拖确认书,此时船才可以降船拖航。

3. 稳性计算的基本步骤

第一步:确定空船重量和重心并造表登记(对某一钻井船来说,在通常情况下,它是固定不变的,在操船手册中均可以查到)。

第二步:统计各液舱舱容,由舱容表找出它们的重量和重心,计入载荷表中。

第三步:统计固体可变载荷,将其重量和重心计入载荷表中(图5.20)。

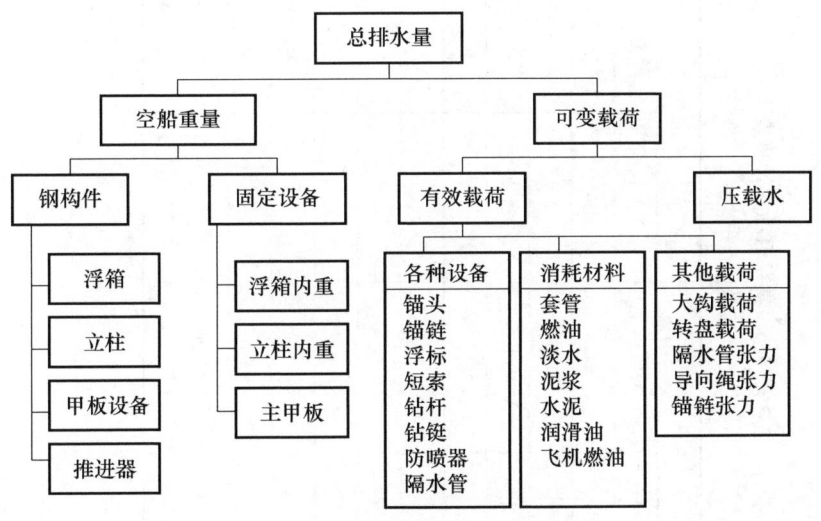

图 5.20 平台重量分解

第四步:合计上述三项,最后计算出钻井船最后的排水量和重心位置,调整纵横倾,达到拖航要求,根据静水力曲线图确认船体漂浮、重心在合适的位置上。

注:稳性计算的主要理论依据之一是:力×力臂=力矩。

二、平台稳性实例计算

下面以某平台为例进行稳性计算(沉垫式、自升式平台的计算也是如此),见表5.3。

稳性与压载技术

表5.3 某平台稳性计算表

船名：×××××
重量重心计算书
制表人：
日期：2008.12.25

序号	项目	重量(t)	纵向			横向			垂向		
			重心 XG(m)		力矩 ML(t·m)	重心 YG(m)		力矩 MT(t·m)	重心 ZG(m)		力矩 MZ(t·m)
1	空船	2608.67	16.007		41757.3	−0.01		−25.86	9.56		24929.61
2	燃油	46	15.5		713	−13.5		−621	1.096		50.416
3	淡水	55	28.875		1588.125	−3.06		−168.3	0.926		50.93
4	人员及粮食	10	28		280				5.2		52
5	备品及杂物	30	12		360				5.2		156
6	海水舱	88	28.875		2541	3.06		269.28	1.418		124.784
7	钻具	30	14.5		435				8.2		246
8	压载舱1	92.964	1.5		139.446	10.75		999.363	1.22		113.416
9	压载舱2	42	1.5		63	−10.75		−451.5	0.6		25.35
	合计	竖行相加 3002.634	除法算出 15.945		竖行相加 47876.871	除法算出 0.0007		竖行相加 1.983	除法算出 8.575＋自由液面修正数		竖行相加 25748.506

第五章 平台拖航稳性计算

表格填写说明:

(1)按上表格,空船数据已给出。其中三种力矩是由空船重量分别乘以三向重心而得。

(2)统计测量各液舱容(深度),得出重量和三向重心,依次填入空白表格中并算出三力矩。

(3)统计测算船上各处固体可变载荷重量和三向重心,依次填入空白表格中并算出三力矩。

(4)按竖行分别算出重量合计,纵向力矩、横向力矩及垂向力矩合计。

(5)用纵向力矩、横向力矩及垂向力矩合计分别除以总重量,得出合计行的三向重心位置。

(6)按总重量在静水力曲线表格中查出浮心纵坐标,与重心纵坐标相比。重心纵坐标在浮心纵坐标之后,达到艉吃水要求,艏艉吃水差约 0.3 m(后边的吃水计算加以验证)。

(7)最好达到重心横坐标为零,没有初横倾。

(8)重心高应在允许范围之内(环境极限条件下不大于 9.5 m),一般由许用重心高度曲线查得。

注:上述(6)、(7)两项有可能多次调整计算,直至调整到拖航状态为止。

上述表格计算完成后,最后吃水计算表(表 5.4)中列出下述三大部分:

表 5.4 吃水计算表

船名:××××　　　　制表人:　　　　　　日期:

从汇总表得:

序号	内容		
1	排水量	$D=(\quad)$t	<拖航允许排水量(t)
2	重心高	$Z_G=(\quad)$m	<许用重心高(m)
3	重心纵向位置	$X_G=(\quad)$m	(艏前或后)
4	横倾力矩	$MT=(\quad)$t·m	(左或右倾)

从静水力曲线得:

序号	内容		
1	平均吃水	$T=(\quad)$m	<2.58 m
2	浮心纵向位置	$X_b=(\quad)$m	
3	漂心纵向位置	$X_f=(\quad)$m	
4	纵稳心半径	$BML=(\quad)$m	

续表

序号	内容		
5	横稳心半径	$BM=(\quad)$	m
6	浮心高	$Z_b=(\quad)$	m

计算得：

1	每厘米纵倾力矩：	$MTC=D \cdot (Z_b+BML-Z_G)/(100L)$	t·m/cm
2	纵倾力矩：	$M=(X_G-X_b) \cdot D$	t·m
3	艏艉吃水差：	$\Delta T=M/(100MTC)$	m
4	艏吃水：	$T_F=(L-X_f) \cdot \Delta T/L+T$	m
5	艉吃水：	$T_A=-X_f \cdot \Delta T/L+T$	m

(1) 从计算汇总表得

① 总排水量 D，要小于拖航允许排水量。

② 重心高与满载拖航重心高相比，要小于允许值。如：$Z_G<9.3$ m。

③ 重心纵向位置 X_G 为 -2.4 m(舯后)。

④ 横倾力矩 MT 为 14.89 t·m(左倾)。

(2) 从静水力曲线得

① 平均吃水 T 应 <2.58 m。

② 浮心纵向位置 X_b 为 -2.126 m。

③ 漂心纵向位置 X_f 为 -1.859 m。

④ 纵稳心半径 BML 为 39.183 m。

⑤ 横稳心半径 BM 为 25.967 m。

⑥ 浮心高 Z_b 为 1.067 m。

(3) 最后计算得

① 每厘米纵倾力矩(t·m/cm)：$MTC=D \cdot (Z_b+BML-Z_G)/(100L)$

式中：D 为排水量(t)；Z_b 为浮心高度(m)；BML 为纵稳心半径(m)；Z_G 为计算重心高度(m)；L 为平台型长，37 m。

② 纵倾力矩(t·m)：$M=(X_G-X_b) \cdot D$

式中：X_G 为计算重心纵向位置；X_b 为浮心纵向位置。

③ 艏艉吃水差(m)：$\Delta T=M/(100MTC)$

④ 艏吃水(m)：$T_F=(L-X_f) \cdot \Delta T/L+T$

⑤艉吃水(m):　　　　$T_A = -X_f \cdot \Delta T/L + T$

另外,说明两点:

①可变载荷纵、横向位置尺寸的查法:纵向位置——基线为船艉,纵向尺寸按舱容表中各舱液面纵长(一个或几个舱的液面纵长之和)计;横向位置——以船体中心线为基线,横向尺寸按各舱液面横长(一个或几个舱的液面横长之和)计,力矩左为正,右为负。

②上面符号以静水力曲线表格及计算书中字母符号含义为准。

三、稳性计算其他说明

1. 荷载表

荷载表的目的是为了确定平台的重量和重心,以评估平台漂浮稳性或升起状态的桩腿反力。漂浮时,荷载表计算确保载重线吃水和最大允许重量不被超过,确保平台的浮态具有最小的纵横倾。升起状态时,荷载表计算确保桩腿锁紧装置和桩腿反力限制不被超过。

当荷载有较大改变前,如可变荷载使用或带到平台上时,平台重新漂浮前,在某位置从水面升起前,在恶劣风暴到来前,荷载表均应进行有规则的更新。荷载表应重新更新以反映实际装载情况。

2. 计算荷载情况

荷载表用于记录和累加平台上所有单个荷载的重量和重心,以找到平台整体重量和重心。所有材料,不管是固体还是液体,它们的重量和位置均应填写在表上。这些值和空船重量在一起,用于计算平台的纵向、横向、垂向重心。

3. 漂浮重量

当平台漂浮时,计算的重量和重心用于预测期望的吃水、横倾、纵倾。静水力表可以用于找到平台平均吃水对应的排水量(由平台排开水的重量)。计算的重量应等于静水力表中平台实际吃水对应的排水量。

4. 测量轴

每个项目的重心应以下列点作为参考点来进行测量:

纵向：纵向位置从船艄 0 肋位处开始测量，向后为正。
横向：横向位置从主船体中心线开始测量，向右舷为正，向左舷为负。
垂向：垂向位置从龙骨或主船体底部开始测量，向上为正。

5．重心

每个项目的纵向重心 LCG、横向重心 TCG 和垂向重心 VCG 应基于它对参考轴的位置来测量。对于空船的可移动部分（钻井包和桩腿）和可变荷载（如悬臂梁管架堆场），重心可以从合适的参考位置（转盘中心或桩靴底部）来测量，然后调整到平台坐标系中。

6．弯矩

每个项目的弯矩通过此项目的重量乘以相对于参考轴的距离来计算得到。结果就是下列弯矩：

纵向弯矩 $LMOM$＝重量×LCG
横向弯矩 $TMOM$＝重量×TCG
垂向弯矩 $VMOM$＝重量×VCG

7．一组项目的重心

荷载表将相同类型的项目分成组或位置。对于所有单个项目，记录和计算舱室深度、重量、重心、弯矩、自由液面弯矩（如适用）。然后将各列中的单个值加起来得到该组的总和。

为了计算一个组的项目重心，首先，计算每个项目的弯矩和所有项目的总重量。下一步，将所有的纵向弯矩 $LMOM$ 加在一起，总 $LMOM$ 除以所有项目的总重量，结果是此组项目的重心纵向位置 LCG。将所有的横向弯矩 $TMOM$ 加在一起，再除以总重量得到横向重心 TCG，将总的垂向弯矩 $VMOM$ 除以总重量得到此组的垂向重心。

8．空船重量

空船重量记录在荷载表中以代表平台和桩腿的固定重量。

（1）在荷载表中输入空船重量和弯矩。这包括主船体、桩腿、悬臂梁和下基础、下底座结构、钻台和任何空船重量变化。使用桩腿安装长度的合适重量，调整对于桩靴底部位置的桩腿 VCG。调整悬臂梁和下基础的 LCG，对于钻井包的纵向和横向位置,调整下底座结构、钻台和井架的 LCG 和 TCG。

(2)已经批准的空船重量和重心的任何改变必须记录在空船重量改变表格中。总的改变必须加到荷载表的"空船修正"列上,并且允许可变荷载必须从相同重量总量中减去。

(3)对于远洋拖航状况,桩腿可以分段存放在甲板上,只要考虑了它的重量,并且平台保持在允许吃水和 KG 限制之内。

(4)在静水力表中,桩靴中的水考虑为"失去的浮力"。桩靴要么为空,要么为全满,并使用正确的静水力表,就可以不考虑桩靴压载水重量。

9. 荷载总结

(1)统计表中包括每个荷载组的重量、弯矩、自由液面弯矩。把每个组总值转换到荷载表的荷载总结表单上。

(2)总的可变荷载是荷载总结中排除空船重量的所有重量的汇总。应确保总的可变荷载不超过允许可变荷载。

(3)通过将总可变荷载重量、弯矩和表上的空船重量值加到一起来计算状况汇总。这些总值记录在表中的状况汇总线上。通过将各自的弯矩除以总重量得到状况汇总的 LCG、TCG、VCG。

(4)状况汇总的数据用于计算荷载表的稳性总结部分中要求的信息。

四、稳性总结

在荷载表的稳性总结部分,可以计算和审查稳性、平台的纵横倾。稳性计算在表中一步步地列出。下面说明稳性总结中的特定项目。

1. 吃水和排水量

比较计算出的排水量和载重线排水量。如果计算出的排水量超过载重线排水量,必须从平台上移去相应负载。平均吃水从静水力表中可以找到。排水量从表中给出的值插值计算得出。

2. 横倾和纵倾

按照荷载表中给出的公式计算横倾、纵倾和最终吃水。应特别注意横倾和纵倾计算中的符号:

(1)纵倾向后为正(船艉下降,$LCG>LCB$),向前为负(船艏下降,$LCG<LCB$)。

(2)横倾向右舷为正($TCG>0$),向左舷为负($TCG<0$)。

平台应装载到平浮的初始状态(横倾、纵倾最小)。在装载完成之后,计算的吃水、横倾和纵倾应与观察到的吃水、横倾和纵倾进行比较。应调查计算造成吃水、横倾和纵倾与实际观测吃水、横倾和纵倾之间的任何偏差的原因。应采取合适的措施以确认造成偏差的原因并修正此问题。

3. 确定 KG

KG是主船体基线或龙骨以上的垂向重心VCG的高度。对稳性总结,KG必须加上自由液面修正。自由液面修正后的KG不应超过平台在此计算状况下的最大允许KG值。

注意:当平台漂浮时,一些可变荷载(燃油、淡水、食物等)的消耗,将减少吃水、增加部分填充舱的自由液面,从而改变稳性。因此,漂浮时可能调整KG,并提前做出这些调整的计划。

4. 确定最大允许KG

(1)最大允许KG随平台吃水而变化。关于允许KG值,参照最大允许KG曲线(图 5.21)。

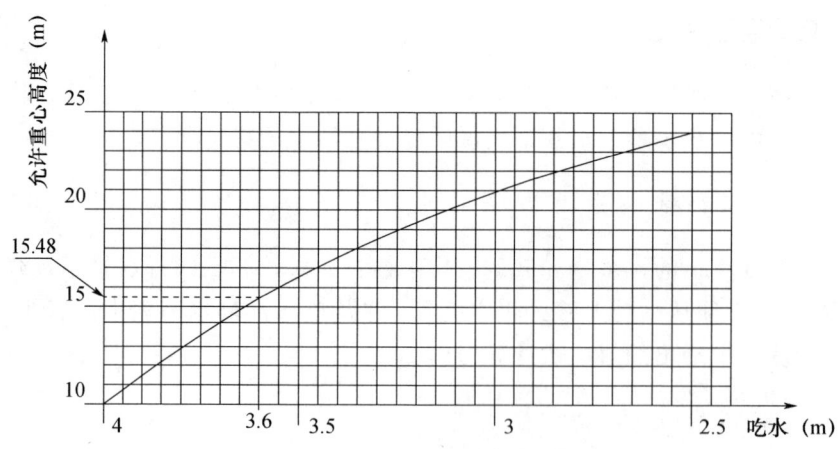

图 5.21 允许重心高度

(2)稳性总结中计算的 KG 不应超过最大允许 KG。计算的 KG 在允许 KG 曲线限制之内以前,平台不应进行漂浮。

(3)计算的 KG 可以通过调整可变荷载来减少。比如,一些项目可以移到平台更低的位置上去,液体可以转移到不同的舱室以减少自由液面,一些不必要的荷载可以移走,桩腿可以下降,以获得 KG 值的更大减少。

5. 自由液面修正(FSC)

(1)当液体舱部分填充时,要求进行自由液面修正。此修正考虑平台横摇或倾斜时由于舱中液体的漂动引起的稳性减少。当一个舱为空或全部灌满时,不会发生重量的移动,此舱的自由液面弯矩为 0。舱容表列出了纵向和横向的自由液面弯矩(标示为 FSML 和 FSMT)。自由液面弯矩用在荷载表中以产生一个自由液面修正。FSC 加到 KG 上以给出一个经自由液面影响修正后的 KG 高度。

(2)为了减少自由液面效应,应尽可能使更多的舱为空或全部灌满。

(3)应检查舱底、空舱和压载舱。这些舱中的任何液体必须移除或算进装载之中。

(4)应取得部分填充舱的深度。参照舱容表以获得纵向和横向的自由液面弯矩。

(5)每个部分填充舱的 FSML 和 FSMT 记录在荷载表中。总的 FSML 和 FSMT 记录在荷载总结表中。

(6)通过将总的 FSML 和 FSMT 除以总排水量,计算纵向和横向 FSC。

$$LFSC = \frac{FSML \text{ 总和}}{\text{总排水量}} \qquad TFSC = \frac{FSMT \text{ 总和}}{\text{总排水量}}$$

(7)纵向和横向 FSC 分别用于荷载表中纵和横稳性高度(GML 和 GMT)的计算。当一个修正 KG 值和允许 KG 曲线进行比较时,使用的自由液面修正(FSC)为 TFSC 或 LFSC 中的较大者。

(8)自由液面(FS)修正后的 KG 值是将自由液面修正(FSC)和来自荷载表的"状况汇总"行计算出的 VCG 值相加的结果。

6. 静水力表

静水力表(部分见表 5.5)各变量如下所示:

表 5.5　静水力表

draft (m)	displacement (t)	LCB (m)	VCB (m)	LCF (m)	KMT (m)	KML (m)	MH1 (t·m/deg)	MT1 (t·m/deg)
0.20	358.23	34.570	0.202	34.393	812.643	998.937	5052.970	6198.90
0.40	725.11	34.429	0.305	34.212	419.756	514.519	5312.756	6512.15
0.60	1105.62	34.335	0.409	34.109	288.658	353.587	5570.725	6823.77
0.80	1498.39	34.267	0.522	34.051	223.423	273.577	5843.533	7155.29
1.00	1941.88	34.230	0.633	34.113	211.323	258.139	7162.939	8719.80
1.20	2403.50	34.205	0.740	34.090	171.375	209.286	7189.748	8780.24
1.40	2865.55	34.186	0.845	34.082	144.064	175.882	7205.854	8797.34
1.60	3326.18	34.171	0.949	34.077	123.359	150.587	7162.051	8742.87
1.80	3785.78	34.159	1.052	34.079	108.758	132.700	7186.830	8768.94
2.00	4245.86	34.151	1.155	34.080	97.285	118.648	7209.977	8793.23
2.20	4706.39	34.144	1.257	34.081	88.090	107.384	7236.614	8821.62
2.40	5167.07	34.138	1.358	34.077	80.130	97.643	7227.062	8806.59
2.60	5822.82	34.132	1.457	34.064	72.246	87.998	7090.720	8636.73
2.80	6070.54	34.127	1.554	34.049	65.566	79.824	6947.487	8458.29
3.00	6510.55	34.121	1.650	34.036	59.981	72.981	6816.339	8293.68
3.20	6943.44	34.116	1.746	34.024	55.313	67.258	6703.804	8151.51
3.40	7389.98	34.110	1.841	34.012	51.352	62.395	6606.059	8026.66
3.60	7790.65	34.104	1.935	34.001	47.955	58.220	6521.262	7917.17
3.80	8206.18	34.099	2.029	33.991	45.034	54.628	6450.617	7824.85
4.00	8617.27	34.093	2.122	33.982	42.555	51.576	6400.882	7757.77
4.20	9024.67	34.088	2.215	33.975	40.405	48.924	6364.803	7706.76
4.40	9429.08	34.083	2.309	33.968	38.523	46.600	6340.348	7669.71
4.60	9833.38	34.079	2.403	33.966	37.017	44.735	6353.701	7678.44
4.80	10232.86	34.074	2.496	33.958	35.368	42.700	6317.205	7626.80
5.00	10631.40	34.070	2.590	33.958	34.225	41.282	6351.191	7660.77
5.20	11029.93	34.066	2.685	33.959	33.180	39.983	6388.007	7697.76
5.40	11428.47	34.062	2.780	33.958	32.198	38.761	6423.069	7732.30
5.60	11827.01	34.058	2.875	33.958	31.313	37.659	6464.377	7774.47
5.80	12225.56	34.055	2.970	33.958	30.466	36.602	6501.439	7810.86
6.00	12624.09	34.052	3.066	33.958	29.686	35.627	6541.519	7850.66
6.20	13022.65	34.049	3.162	33.958	28.969	34.730	6585.047	7894.60
6.40	13421.18	34.047	3.258	33.958	28.288	33.876	6627.021	7936.12
6.60	13819.73	34.044	3.356	33.958	27.670	33.100	6674.572	7984.40
6.80	14220.57	34.042	3.452	33.958	27.451	32.810	6813.880	8144.09
7.00	14620.38	34.040	3.549	33.958	26.510	31.638	6765.329	8073.99
7.20	15018.72	34.037	3.646	33.958	25.992	30.983	6813.959	8122.38
7.40	15417.07	34.035	3.743	33.958	25.513	30.377	6865.615	8174.53
7.60	15815.44	34.033	3.753	33.958	25.057	29.797	6917.286	8225.82

displacement——排水量,标准海水中;

draft——吃水深度;

LCB——浮心纵向位置(从 LCG 的参考点测起);

TCB——浮心横向位置(从船体中心线测起);

VCB——浮心垂向位置,也叫 KB(从船体基线测起);

LCF——漂心纵向位置(从 LCG 的参考点测起);

TCF——漂心横向位置(从船体中心线测起);

LCG——纵向重心;

TCG——横向重心;

VCG——基线以上的垂向重心(也叫 KG);

$TPcm$——每厘米吃水的吨数;

KMT——基线以上横向稳心高度;

KML——基线以上纵向稳心高度;

WP——水线面积;

BMT——横向稳心高度($WPIT$ 体积);

BML——纵向稳心高度($WPIL$ 体积);

GMT——横稳性高度($KMT-KG$);

GML——纵稳性高度($KML-KG$);

$ML1$——纵倾 $1°$ 弯矩;

$MT1$——横倾 $1°$ 弯矩;

SW——海水平均密度,1.025 g/cm^3。

参考轴和符号如下:

LCG——从船艏测起,船艏往后为正;

TCG——从船体中心线测起,船体中心线右舷为正,左舷为负;

VCG——从船体基线测起,船体基线往上为正。

7. 内插法

内插法是在表格中求一组相邻的两个数据之间的一个点坐标的方法。

假设在坐标系中有一曲线 $y=f(x)$,在该曲线上已知 a、b 两点,求该两点之间的 c 点,如图 5.22 所示。其中,知其 c 点的一个坐标,求另一坐标。连线画出两个三角形,按两个三角形相似的关系,得出以下关系式:

$$\frac{x_2-x_1}{x_2-x_0}=\frac{y_2-y_1}{y_2-y_0}$$

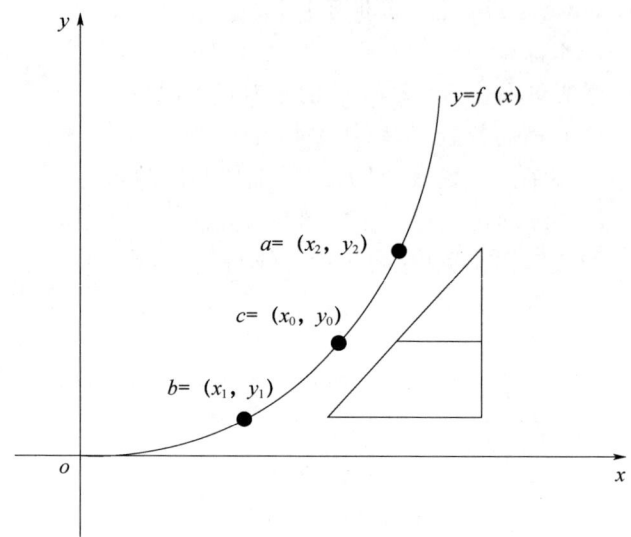

图 5.22 内插法坐标系

从上式中,即可求得另一未知数。

第六章　自升式平台

第一节　对桩脚负荷的预测和校核

在机械设计理论中,有一个易损件设计问题。人们要求设备各个零件不能同时损坏,因为不同部位零件的使用寿命不一样,比如外壳一般就比转动或摩擦零件更加耐用。但是同样的转动零件也需要有不同的使用寿命,而且要求使用寿命短的是容易更换和制造的,比如轴和轴承。在机械设计中轴承就是一个容易更换并且寿命最短的零件。

在一个平台上也存在这样的规律。桩脚和升降装置(系统)、平台主体结构的原始设计中,升降装置系统是三项中最弱的一个部分。虽然人们普遍认为升降装置最重要,但实际上,桩脚和平台主体结构的修理难度或复杂程度比升降装置高多了。而且,升降装置的保护可以通过一系列的程序去实现。

因此,在平常实际操作中需要对桩脚负荷进行校核,避免超出系统负载,出现损坏。

首先,根据前期的核算,我们已经获得了详细的数据:平台的重心(横向和纵向)位置、平台的总重量。我们需要做的就是去将重量分配给各个桩脚。这里以三个桩脚的平台(图6.1)为例。

设平台重心坐标为纵向 L,横向 T;三个桩脚坐标为(X_1,Y_1),(X_2,Y_2),(X_3,Y_3)。求每个桩脚负荷的原理是利用力矩相等原理。

将其中两个桩脚中心连线看成一个可以转动的支撑点,那么平台重力力矩就必须和第三个桩脚的支撑力力矩相等,才能保持平台的稳定平衡。

因此,我们只要掌握了重心离两个桩脚的连线距离和第三个桩脚离两个桩脚的连线距离,就可以计算出第三个桩脚的受力。其他两个桩脚也可以用更换支撑点的方法获得。最后可以针对每一个平台得出一个公式,在实际计算中直接套用公式即可。

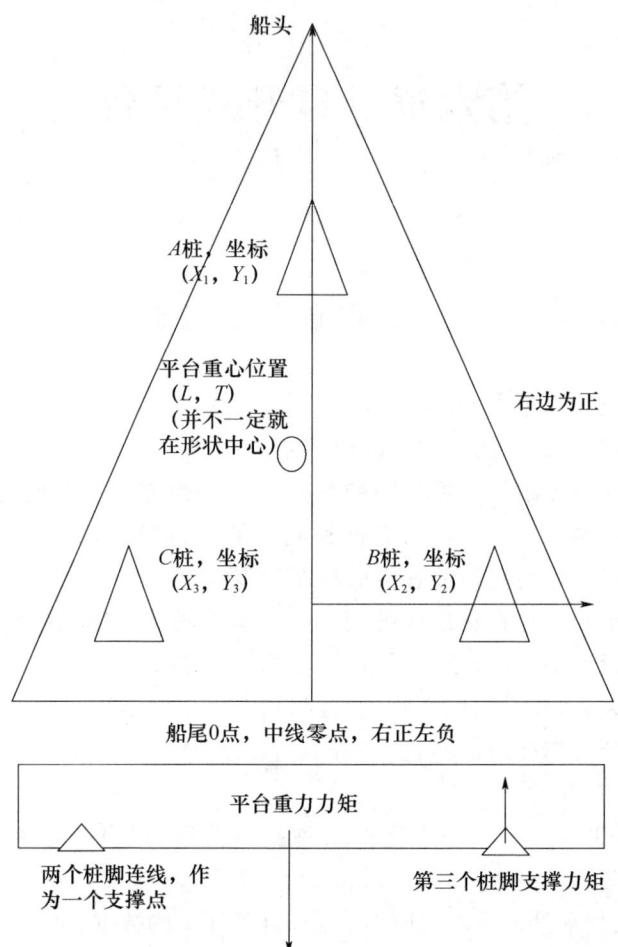

图 6.1 平台桩脚坐标示意图

计算第三个桩脚和其他两个桩脚距离时,利用它们的定位坐标或者在图纸上直接丈量就可以获得相应的距离数据。一般三个桩脚的数据都能在图纸上直接丈量。比如:A 桩距离 BC 桩连线:一般情况下 BC 桩的 Y 值是一致的,直接用 Y_1-Y_2 就是。

那么重心的位置距离 BC 桩连线呢？在这个情况下,其重心的横向定位并不影响它与 BC 桩连线距离,因此也就是 $L-Y_2$。

则 A 桩的受力 $=[G\times(L-Y_2)]/(Y_1-Y_2)$

由于桩脚的位置是不变的,其实真正变化的是 L 和 G。因此我们可以把 G 去掉,直接计算出一个系数。以后每次用这个系数去乘以 G,就是 A 桩的受力。

B 桩的计算受到横向坐标的影响。这个时候,由于用 AC 桩连线计算比较复杂,可以假定 A 桩为力矩支撑点,方便计算。

第一步,先忽略横向重心位置的影响,那么:$B\times(Y_1-Y_2)+C\times(Y_1-Y_2)=G\times(Y_1-L)$。

第二步,再以穿过 A 桩的中轴线为支点,可以列一个平衡公式:$T\times G+B\times X_2=C\times X_3$。

这两个公式,只有 B 和 C 这两个桩脚的受力是未知数,自然可以求出相应的数值。一般情况下,X_2 和 X_3 是相等的。

即 $B-C=-T\times G/X_2$。

因此就获得 $B=[G\times(Y_1-L)/(Y_1-Y_2)-T\times G/X_2]/2$

针对每个平台,操作手册里面都有相关的资料,需要根据实际情况调整。在获得每个桩脚的负荷后,通过查阅操作手册里面的相关桩脚安全负荷来核对。也可以利用桩靴的面积来计算桩靴对海底的压力,用来核对海底地质情况是否符合插桩要求,甚至评估预测桩脚入泥的深度。也可以利用表 6.1 进行计算。

表 6.1 桩腿反力计算(三桩自升式平台)

序号	项目	单位	来源	数值
	桩腿反力计算			
1	总重量(拖航总重+压载量)	t	载荷计算总表	
2	LCG(平台纵向重心)	m	载荷计算总表	
3	TCG(平台横向重心)	m	载荷计算总表	
4	桩腿中心纵向距离	m	手册中查常数	
5	桩腿中心横向距离	m	手册中查常数	
6	艏桩腿中心至船艏距离	m	手册中查常数	
7	两个艉桩腿的总反力	t	[1]×([2]−[6])/[4]	
8	艏桩腿反力	t	[1]−[7]	
9	左舷艉桩腿反力	t	[7]×([5]/2−[3])/[5]	
10	右舷艉桩腿反力	t	[7]−[9]	

注:[1]~[9]表示项目 1~9。

第二节　压载计算

一、压载的目的

自升式平台的压载，与陆地建造高楼打地基的原理一样，是为了获得一个稳定的基础，避免极限恶劣的环境条件造成平台的倾覆和损坏。

压载方法通过模拟恶劣环境造成的力作用在钻井平台上实现，包括增加海水(三个桩脚的平台)或者使用平台的自重单独作用到其中两个桩脚上(四个桩脚的平台)的方法。

压载目的是检验在外力作用下平台是否会产生倾斜甚至倾覆。

恶劣的外界环境，包括风，台风，季候风，海浪、涌、海流、海冰，地震，海啸。压载中可能碰到的问题包括桩脚入泥过深，导致拔桩异常困难。

二、预压的含义

将预压载荷均匀地分配在三个桩腿上时，如果预压方法正确，各桩腿将会有相同的反力，并达到手册的允许范围之内。

一般平台持有的操船手册中已给出压载的数量和方法步骤。在实际操作中，各船必须向有关部门索取浅层地质资料，据其确认平台的总压载量，并根据地层情况确定压载次数的多少。一般情况下，若地层支撑力是渐进的，则压载次数可适当少一些；若有跳跃式地层支撑力，在接近软地层压载过程中，要适当地增加几次压载(小压载量)过程。同时，浅层地质资料也给出了桩腿的入泥深度。浅层地质资料中应确认给出的压载量一般是单腿最大压载量及其桩腿入泥深度。确定单腿最大压载量的前提是不允许超过桩腿极限承载力(桩腿结构和升降装置承载力)。预压也要预先考虑土壤基础的支撑情况，在预压过程中，突遇软地层，出现通常所说的"鸡蛋壳"现象，造成桩腿快速下沉，可能从而导致钻井船的损坏。如图6.2所示。

三、压载计算方法

压载计算原理与稳性计算中的调载计算相同(说明：压载计算方法一般应由船舶设计部门在手册中给出)，就是将加压载水产生的纵、横力矩达到控制要素的要求，即压载水载荷产生的纵向重心和横向重心保持不变或接近漂浮状态数据。压载作业需要适当地选取每次的压载舱和压载舱的加液量。计算

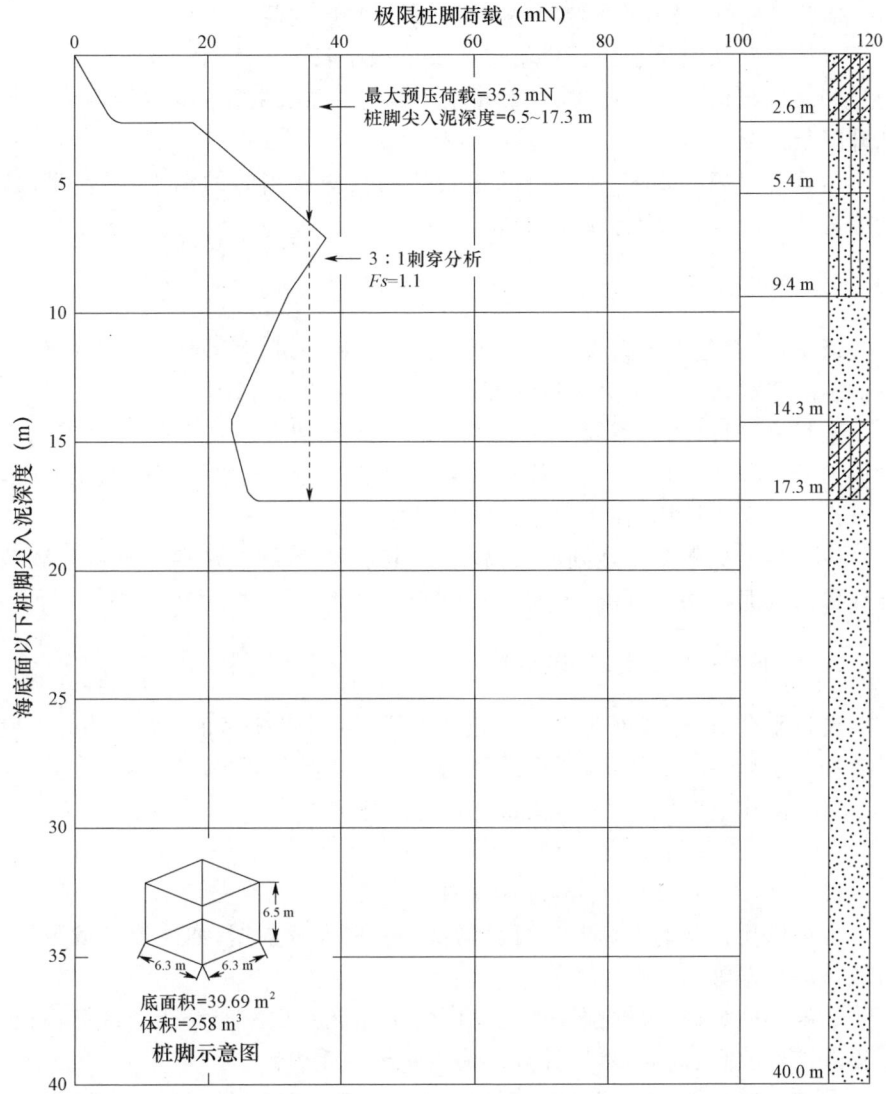

图 6.2　极限桩脚荷载与桩脚尖入泥深度关系曲线
（渤海十二号钻井船 JZ20-2-MNW 井位）

中适当掌握压载次数和每次加载后的观察时间，有利于保证船舶结构安全和防止穿透"蛋壳"时压载量值的确认：操船手册中一般都会给出要求的预压载荷与桩腿的最大反力。如手册中未给出预压载荷，那就根据手册中给出的单桩预压载支撑的能力计算出要求的预压载量。其中，需要将三桩预压载支撑减去拖航总吨位,得出的数值便是要求的最大预压载荷。

应核对确认浅层地质资料给出的最大预压载荷为某船单腿载荷。

确认压载量值总原则是:压载量值不超过地层支撑力、桩腿结构支撑力和升降装置支撑力。

压载升船高度要求(仅自升式平台适用):应看当时的潮水,最高潮时,气隙为2~3 m,海浪不应敲打船底。

1. 常规做法

通常,压载是由平台设计公司提供合适的程序进行计算,或者是提供典型的工况压载数据而不必进行计算。

按程序进行计算,需要有一套模拟恶劣工况的资料,包括不同水深、不同风力、不同海流的数据。其优点是可以针对不同情况选择不同的压载量,缺点是需要人工计算,存在数据误差的风险。

按典型工况数据压载则比较简单、安全系数高,缺点是存在过量压载而导致桩脚入泥过深的可能。

2. 设计公司确定环境参数

设计平台前,先根据业主和规范的要求,选择最恶劣的工况环境:一般是依据中国船级社的规范,要求选择的环境载荷至少是50年一遇。

对无限作业区域的平台,其最小设计风速应为:

(1)自存工况:51.5 m/s(100 kn)。

(2)正常作业工况:36 m/s(70 kn)。

也可以让公认的实验室进行风洞试验获取准确数据,如波浪环境数据、海流环境数据等。

波浪环境数据:根据预计使用海区的统计资料和一套复杂的计算理论,取得波浪的波高、周期,然后计算波浪给平台的受力。

海流环境数据:根据预计使用海区的统计资料获取最大流速,使用获得中国船级社认可的理论计算受力。如果有特别要求,设计公司还需要选取地震、海床承受能力、温度、污底、冰雪的环境参数并计算其载荷。

3. 环境载荷和平台结构设计

当根据选取的环境参数计算出环境载荷后,还需要根据业主要求的其他参数,比如可变负荷、作业水深、作业能力等参数进行结构设计。再利用计算机建立平台的数据模型,计算出各种工况、环境平台的受力,评估出安全系数。然后将建立模型的方法理论和各种数据提交给中国船级社审批,中国船级社则使用不同的方法进行计算,结果符合后才算是审核通过。

4. 获取环境载荷数据

一般由设计公司依据计算和统计资料提供环境载荷的数据。由于风力和波浪流这些环境载荷的计算理论很复杂,可以要求设计公司根据不同的水深、风速、流速、平台气隙、桩脚入泥等参数计算出相应的环境载荷,然后以图表的形式提供给使用者。

环境载荷有风力 F_1、波浪流力 F_2。与环境载荷进行对抗的力有重力 W、桩脚支撑力 R_1(表示受风一侧的桩腿受力总和)和 R_2(表示背风一侧的桩腿受力总和)。为了达到平衡,两方面的力必须相等。

如图 6.3 所示,在保持平衡的状态下列等式需成立:

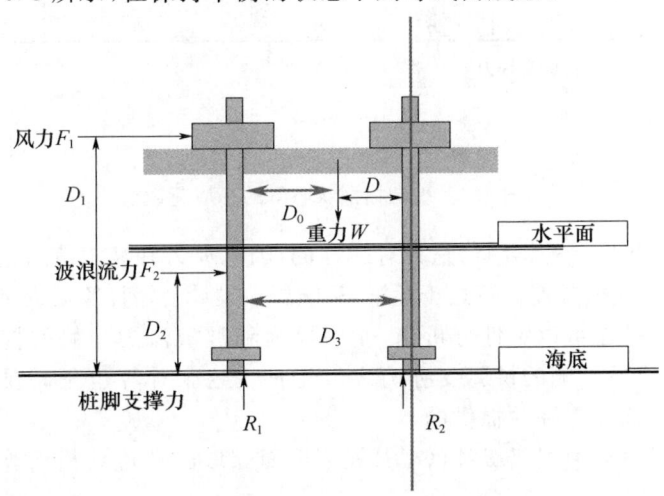

图 6.3 平衡状态下的环境荷载

$$F_1 \times D_1 + F_2 \times D_2 + R_1 \times D_3 = W \times D$$

(以 R_2 作用线为基准)在保持静平衡的状态下,根据公式可以求出桩脚支撑力:

$$R_1 = (W \times D - F_1 \times D_1 - F_2 \times D_2) / D_3$$

从公式中可以看出:风力 F_1 和波浪流力 F_2 的上升,将导致受风侧桩脚支撑力 R_1 的下降。

在风力和波浪流力的影响下,平台会出现摇摆,因此求背风一侧的桩脚

支撑力 R_2 时需把摇摆因素考虑进去。对照公式查看图 6.4，计算 R_2：
$$R_2 = [F_1 \times D_1 + F_2 \times D_2 + W \times (D_0 + t)] / D_3$$

从公式可以看出，风力 F_1 和波浪流力 F_2 的上升、平台摇摆度 t 的增加都会导致 R_2 的增加。

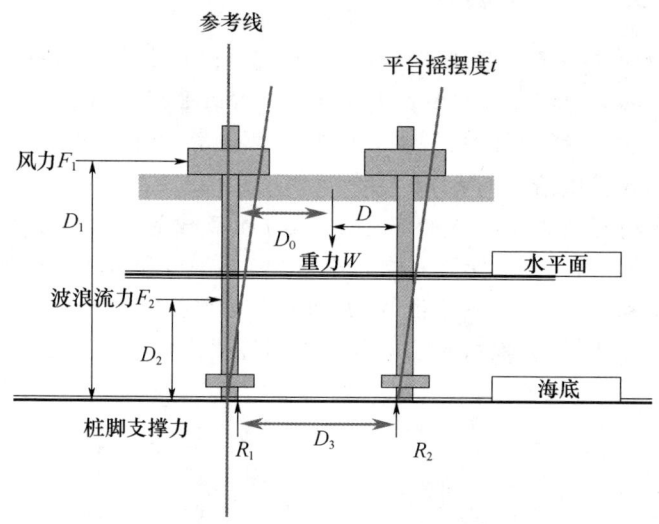

图 6.4 平台摇摆状态下的环境荷载

基于钻井平台的钢结构是具有弹性的，因此风力和波浪流力会造成平台摇摆。但是，摇摆幅度计算过于复杂，只能要求设计公司计算后提供数据。

从公式里面可以定性分析出，受到风力和波浪流力一侧的桩脚支撑力减少，使对应另一侧的桩脚支撑力大大增加。这个计算也是需要设计公司在设计阶段就计算好并提供的。

下面列举从中国船级社（CCS）规范里面获取的环境载荷估算的几个公式（仅供参考）。

（1）风力（kN）
$$F = C_h C_s S P$$
$$P = 0.613 \times 10^{-3} V^2$$

式中，P——风压，kPa；

　　　S——平台在正浮或倾斜状态时，受风构件的正投影面积，m²；

　　　C_h——受风构件的高度系数，其值可根据构件高度 h（即构件中心到设计水面的垂直距离）确定；

　　　C_s——受风构件形状系数，其值可根据构件形状查表，也可根据风洞试验确定；

V——设计风速，m/s。

从风力计算公式可以看出，影响风力的因素有速度、形状、面积、离海面高度。

(2) 波浪力

波浪力的计算公式一般用莫里逊公式：

$$F = F_D + F_I$$

$$F_D = 1/2 \rho_w C_D D \mid u - \dot{x} \mid (u - \dot{x})$$

$$F_I = \pi/4 \rho_w C_A D^2 (\dot{u} - \ddot{x}) + \pi/4 \rho_w C_A D^2 \dot{u} = \pi/4 \rho_w D^2 (C_M \dot{u} - C_A \ddot{x})$$

式中，F——小尺度构件垂直于其轴线方向单位长度上的波浪力，kN/m；

F_D——曳力，kN/m；

F_I——惯性力，kN/m；

ρ_w——海水密度，t/m³；

D——构件特征尺度，m；

C_D——曳力系数；

C_A——附加质量系数；

$C_M = C_A + 1$——惯性力系数；

u——垂直于构件轴线水质点加速度分量，m/s²，当海浪与波浪联合作用时，u 为波浪水质点的速度矢量与海流速度矢量之和在垂直于构件方向上的分量；

$\dot{u}$——垂直于构件轴线水质点加速度分量，m/s²；

$\dot{x}$——垂直于构件轴线构件速度分量，m/s²；

$\ddot{x}$——垂直于构件轴线构件加速度分量，m/s²。

从波浪力的计算公式可以看出，影响波浪力的因素有波高、周期和结构形状。

(3) 海流力 (kN)

$$F = 1/2 \times C_D \rho_w V^2 A$$

式中，C_D——曳力系数；

ρ_w——海水密度，kNs²/m⁴；

V——设计海流流速，m/s；

A——构件在与流速垂直的平面上的投影面积，m²。

从海流力的计算公式可以看出，影响海流力的因素有流速、水深和结构形状。

5. 压载量的确定

要确定一个平台究竟需要多少压载量,需要了解压载的目的,是为了抵抗环境载荷和在海底站稳脚跟,这样就需要一些相关的资料和数据。

首先是环境载荷,设计公司将计算出来的数据制作成图表,并经过中国船级社认可。使用者需要做的就是根据风力和水深、波高、流速从设计公司提供的相应的图表里面查询即可。

图6.5—图6.7所示的三个计算相关图表,分别为由波浪、海流引起的桩脚附加力曲线图(96 m水深)、由风力引起的桩脚附加力曲线图、海底地质承受压力曲线图。

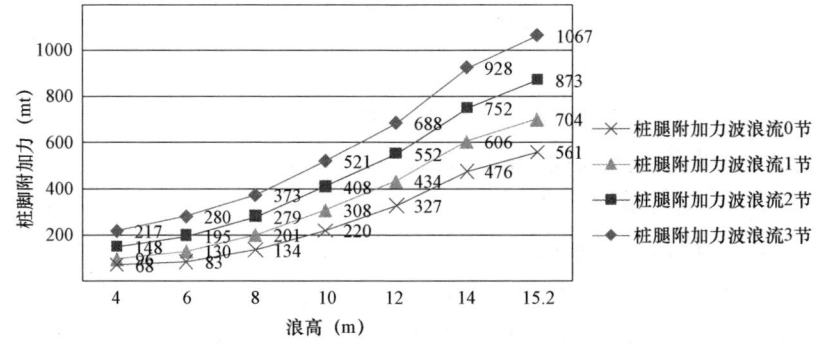

图6.5 由波浪、海流引起的桩脚附加力曲线图

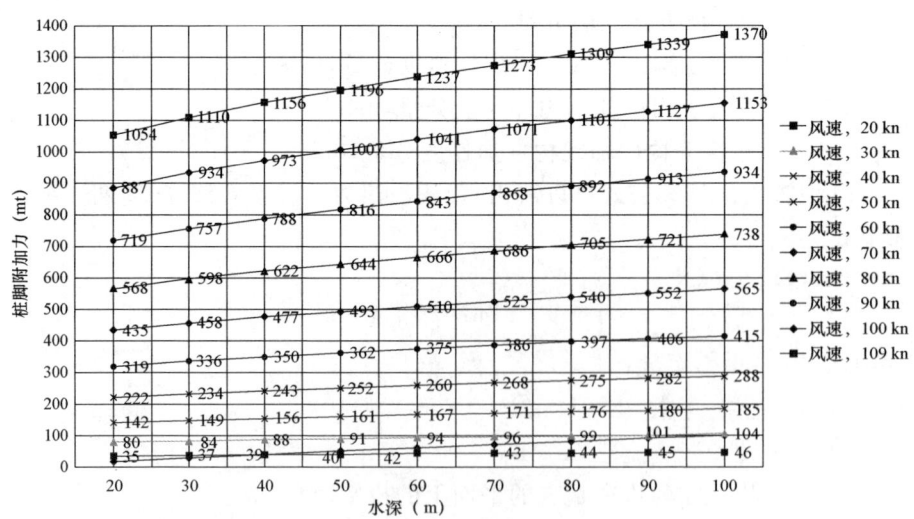

图6.6 由风力引起的桩脚附加力曲线图

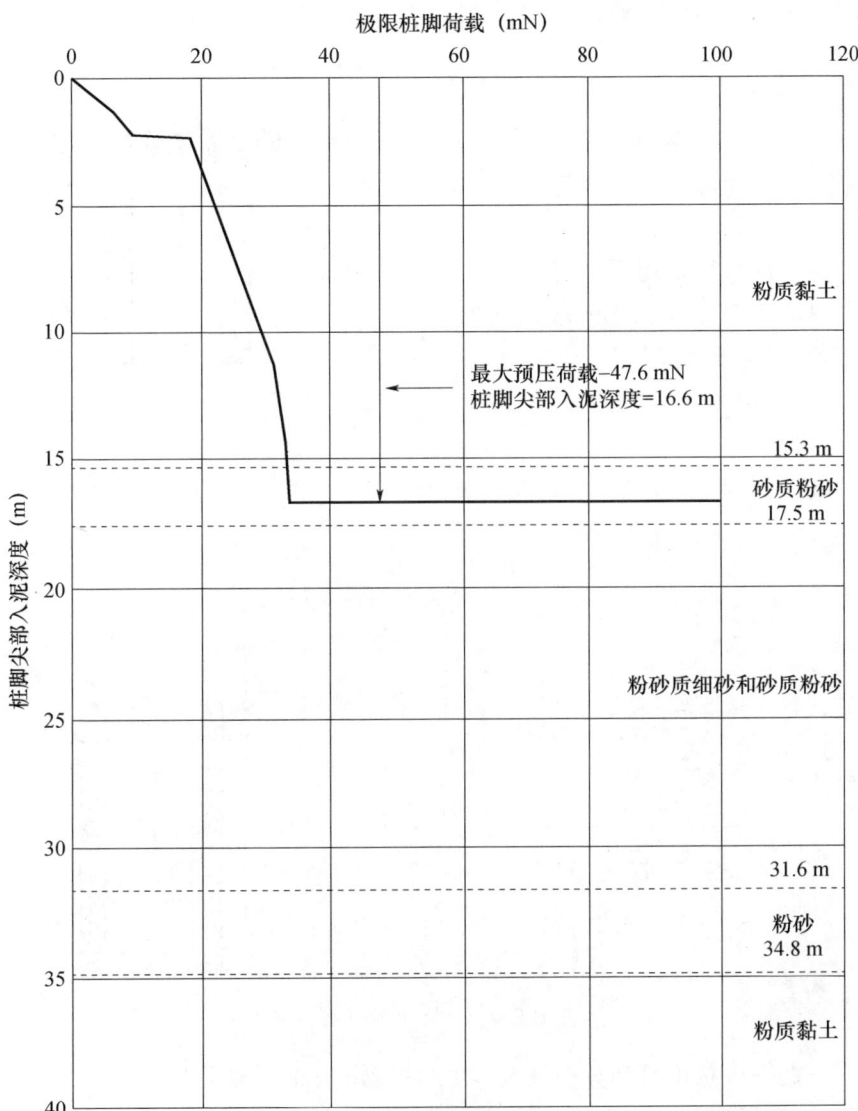

图 6.7 海底地质承受压力曲线图
(南海四号钻井船无锡 4-2-1 井位)

一个完整的压载校核程序如下。

(1) 算出压载前的平台总重量,包括横向和纵向重心位置。然后根据操作手册提供的桩脚受力分配公式将平台重量分配到各个桩脚上。

如图 6.8 所示,根据重力分配原理,以参考线为支撑,计算扭矩:
$$W \times L = R_1 \times L_1$$
$$R_1 = W \times L/L_1$$
式中,W 为重力;R_1 为桩脚支撑力;L 和 L_1 为力臂。

重心的数据常用零位定义:

纵向重心 LCG,船艉为 0,向船头为正值;横向重心 TCG,中轴线为 0,左负右正;垂向重心,以船底为 0,向上为正值,向下为负值。

每个桩脚的分配系数如图 6.9 所示。

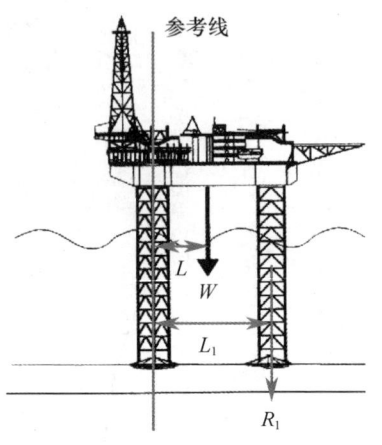

图 6.8 以参考线为支撑的扭矩示例

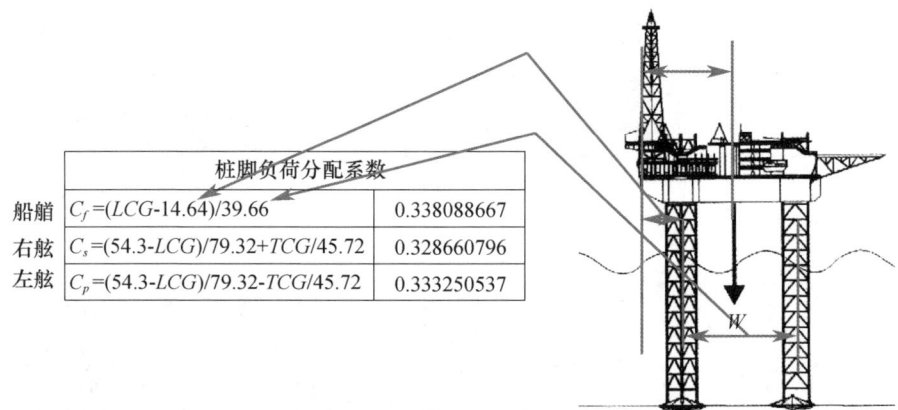

	桩脚负荷分配系数	
船艉	$C_f = (LCG-14.64)/39.66$	0.338088667
右舷	$C_s = (54.3-LCG)/79.32 + TCG/45.72$	0.328660796
左舷	$C_p = (54.3-LCG)/79.32 - TCG/45.72$	0.333250537

图 6.9 桩脚负荷分配

根据平台总重量和分配系数,可以计算出当前桩脚受力。

(2)根据当前工作水深和抗风要求,从风、浪流对桩脚的附加负荷表格中查到相应的数据,将风力和浪流力附加到每个桩脚上,得出每个桩脚需要达到的总受力。查环境载荷时,以 NH_4 数据为例。

水深 80 m,波高 14 m(46 ft),流速 3 kn,风速 100 kn,预计气隙 11.6 m。

查 80 m 水深时波浪流引起的桩脚附加力曲线图(图 6.10)、由风力引起的桩脚附加力曲线图(图 6.6),可知波浪流力为 678 t(1494 kips,1 kip＝4448 N)、风力为 1101 t。

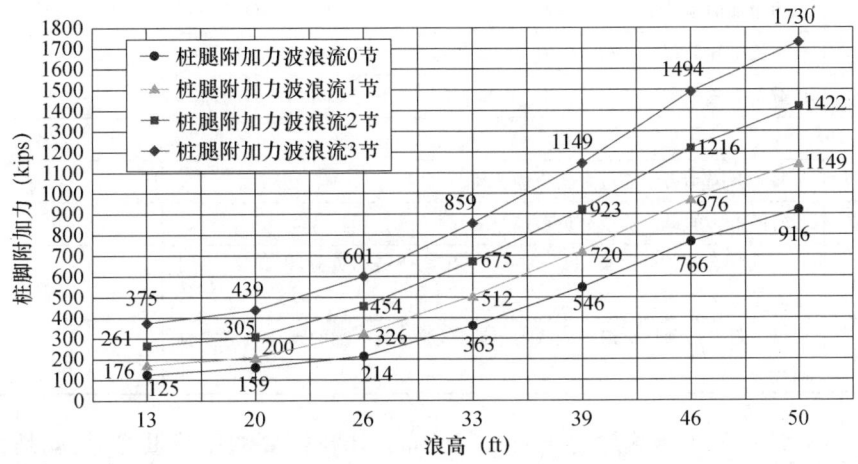

图 6.10 80 m 水深时波浪流引起的桩脚附加力曲线图

因此可以算出水深 80 m,波高 14 m(46 ft),流速 3 kn,风速 100 kn,气隙 11.6 m 工况下的环境载荷为:

波浪流力 678 t＋风力 1101 t＝1779 t。

这个环境载荷是可能作用在每个桩脚上的,因此平台的预压载总负荷为 3×1779＝5337 t。

注:预压载总负荷不能超过桩脚最大安全负荷,参见表 6.2"桩脚负荷和预压载总负荷计算表"。

表 6.2 桩脚负荷和预压载总负荷计算表

序号	项目	各桩脚负荷			公式
1	桩脚号	1号	2号	3号	
2	桩脚位置	前(f)	右(s)	左(p)	
3	桩脚负荷分配系数	0.329843316	0.333251085	0.336905600	C_f,C_s,C_p
4	升降状态桩脚负荷(t)	2827.94	2919.88	2974.60	系数×平台总重
		满足	满足	满足	
5	压载状态桩脚静负荷(t)	4938.91	4989.94	5044.66	系数×平台总重
		满足	满足	满足	$G_8>G_{12}$,满足

稳性与压载技术

续表

序号	项目	各桩脚负荷			公式
6	风力附加的预计负荷(t)	1101.00	1101.00	1101.00	
7	波浪流附加的预计负荷(t)	678.00	678.00	678.00	
8	压载所需总负荷(t)	4606.94	4698.88	4753.60	序号4+6+7
要点说明					
1	每一升降小齿轮的最大安全静负荷			(t)	331
2	每一桩脚的最大安全静负荷(331×16)			(t)	5296
3	压载状态桩脚静负荷(每一桩脚)>压载所需总负荷,则满足,否则不满足				
4	风力附加的预计负荷按风倾力矩计算,波浪流附加的预计负荷按波高计算				

(3)计算各个压载舱的压载负荷分布。求出需要的压载量之后,就是往各个压载舱加水,调整压载水在各个压载舱的分布使每个桩脚的负荷满足每个桩脚的压载负荷要求。如表 6.3 所示。

(4)进行桩脚压力和地层承压能力的校核。各个桩脚压载量计算出来之后,就需要计算桩脚对海底的压力来核算地层是否满足压载的要求。海底给桩脚的支撑力 R 等于桩脚分配到的重量 W_p 与桩脚自身的重量 W_{leg} 之和,如图 6.11 所示。

$$R = W_p + W_{leg}$$

地层能承受的力量一般是用压强来表述的,因此还需要一个桩靴(沉箱)最大截面积数据 S。桩脚压强为(t/m^2)

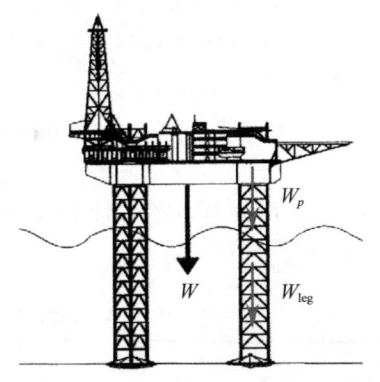

图 6.11 海底给桩脚的支撑力示意图

$$P = R/S$$

根据之前的计算结果,可以取得一个桩脚最大压载负荷 5045 t。然后加上每个桩脚的自重和桩靴内的压载水重量 1471 t,就可以求出桩靴对海底的压力。

$$R = W_p + W_{leg} = 5045 \text{ t} + 1471 \text{ t} = 6516 \text{ t}$$

桩脚对海底的压强 $P = R/S = 6516/263.8 = 24.7 \text{ t/m}^2$

表 6.3 调整压载水在各个压载舱的分布计算表格

项目	重量(t)	压载分组	舱容(m³)	距船艉横材纵向重心 LCG(m)	纵向力矩(t·m)	距船舯 TCG(m)	横向力矩(t·m)	基线以上垂向重心 VCG(m)	垂向力矩(t·m)	自由液面修正力矩 纵向(t·m)	横向(t·m)
压载舱 1C	0.0		218.5	61.94	0.00	0.00	0.00	0.00	0.00		
压载舱 2P	500.0	2	528.0	55.78	27890.00	−6.65	−3325.00	3.76	1882.10		
压载舱 2S	500.0	2	528.0	55.78	27890.00	6.65	3325.00	3.76	1882.10		
压载舱 3P	538.2	3	525.6	40.32	21700.80	−17.43	−9381.08	3.97	2139.35		
压载舱 3S	563.2	3	550.0	40.58	22854.66	17.24	9709.57	4.05	2283.43		
压载舱 4P	200.0	3	275.0	25.94	5188.00	−26.24	−5248.00	2.88	575.80		
压载舱 4S	200.0	3	275.0	25.94	5188.00	27.84	5248.00	2.88	575.80		
压载舱 5P	300.0	4	360.3	18.61	5583.00	−27.84	−8352.00	3.31	994.30		
压载舱 5S	300.0	4	360.3	18.61	5583.00	27.69	8352.00	3.31	994.30		
压载舱 6P	351.1	2	342.9	10.76	3778.15	−27.69	−9722.78	4.07	1430.49		
压载舱 6S	351.1	2	342.9	10.76	3778.15	22.30	9722.78	4.07	1430.49		
压载舱 7P	205.8	2	201.0	6.42	1321.39	−22.30	−4589.88	5.78	1189.09		
压载舱 7S	205.8	2	201.0	6.42	1321.39	−13.24	4589.88	4.29	883.38		
压载舱 8P	480.0	1	529.2	4.70	2256.00	13.24	−6355.20	4.54	2180.57		
压载舱 8S	480.0	1	529.2	4.70	2256.00	−8.12	6355.20	4.54	2180.57		
压载舱 9P	0.0	1	284.7	59.85	0.00	8.12	0.00	3.05	0.00		
压载舱 9S	0.0	1	284.7	59.85	0.00	19.88	0.00	3.05	0.00		
压载舱 10P	350.0	1	341.8	41.10	14385.52	−19.88	6958.05	3.96	1386.08		
压载舱 10S	350.0	1	341.8	41.10	14385.52	29.15	−6958.05	3.96	1386.08		
压载舱 11P	187.9	4	183.5	26.29	4938.93	−29.15	5476.63	3.96	743.97		
压载舱 11S	187.9	4	183.5	26.29	4938.93	−3.97	−5476.63	3.96	743.97		
压载舱 12P			397.5	4.52	0.00		0.00	2.90	0.00		
压载舱 12S			397.5								
合计	6251.1			28.0331	175237.46	0.05255	328.49	3.9804	24881.86	0.00	0.00

对比桩靴压强跟地层承压能力,要求桩靴压强必须满足的条件是小于额定的桩靴压强并处于稳定的地层,或者称为满足刺穿安全系数要求。

沉箱压强数据见表 6.4。

表 6.4 沉箱压强计算

	船体负荷	每个齿轮的负荷	沉箱的负荷	沉箱投影面积	沉箱的压强		
前沉箱	4938.91	308.68	6412.91	266.90	24.0274	0.2403	4.96
左沉箱	5044.66	315.29	6518.66	263.80	24.7106	0.2471	5.06
右沉箱	4989.94	311.87	6463.94	263.80	24.5032	0.2450	5.02
额定负荷	5296.00	331.00	6770.00	263.80	25.6634	0.2566	5.26
计量单位	t	t	t	m²	t/m²	MPa	kip/ft²
平台总重 19395.51705	桩腿沉箱和水 4422	船体重量 14973.51705					

不同的海底地质状况不一样,根据获取的资料,可以做出一个判断:如图 6.12 所示,当曲线趋于平缓的时候,意味着地层是稳定的,即使桩脚压力增大也不会出现入泥增加的情况。

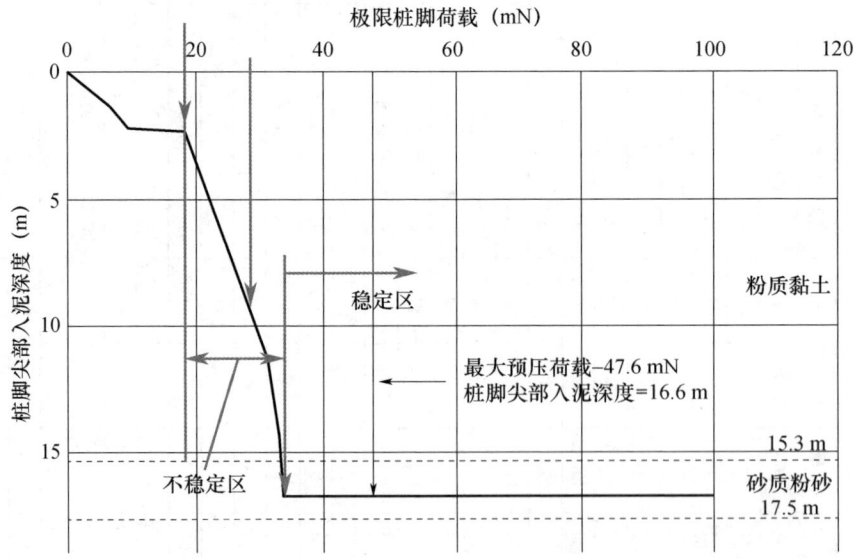

图 6.12 海底地质承压曲线图

当曲线突然很陡峭时,意味着地层太软,是一个不稳定区域。当桩脚压力达到其极限压力时会出现桩脚突然下沉。不稳定区的危害是:当平台作业的时候,会产生各种动载荷,地层有可能出现滑移或者水化,导致平台下沉。

当压载量已经满足抵抗环境载荷的要求时,如果计算出来的桩脚压力刚好是处于不稳定的地层,则需要增加压载量使其桩脚入泥达到稳定地层深度。但是请牢记不能超过桩脚最大安全负荷。

当水深很浅(如20 m)而且流速很小时,经过计算可以知道压载量只需4000 t就满足要求。但是根据地层压力曲线,此时桩脚压力位置刚好在很陡峭的地方,是一个不稳定区。这时候就要提高压载量使其达到稳定区的入泥深度,保证平台作业期间的安全。

(5)根据计算出的桩脚压强,将其与当时井位的海底地质资料对比,预估入泥深度,确认桩脚是否在稳定的地层深度。经过压载获得稳定的地基后,如果风力非常大就需要进行倾覆力矩等数据的校核。

倾覆力矩的确定中,风力和波浪流力的计算太过复杂,其作用点的位置确定需要更加详细的计算,因此依然是设计公式根据不同的环境条件提供图表给使用者查找。

如图6.13所示,倾覆力矩是风力力矩$F_1 \times D_1$+波浪流力矩$F_2 \times D_2$;抗倾力矩是平台重量力矩$W \times D$(无摇摆时)。

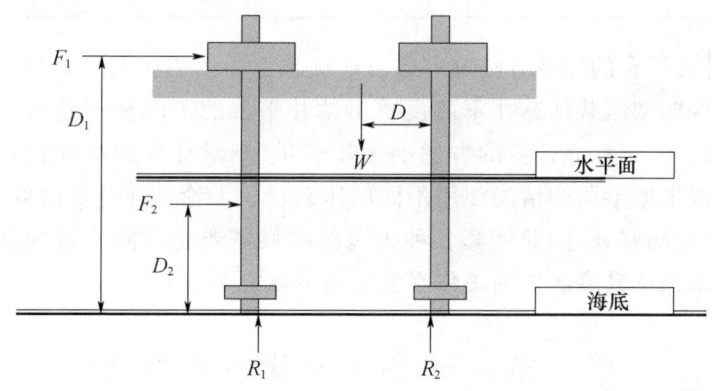

图6.13 倾覆力矩等示意图

有摇摆并且有可变负荷V时,抗倾力矩是$(W+V)(d-\delta)$。其中,δ是摇摆量,d是抗倾力矩的力臂。

抗倾力矩的力臂取值如图 6.14 所示，选择受风面积最大的一个角度 120°，根据重心位置计算，约为 13.2 m。

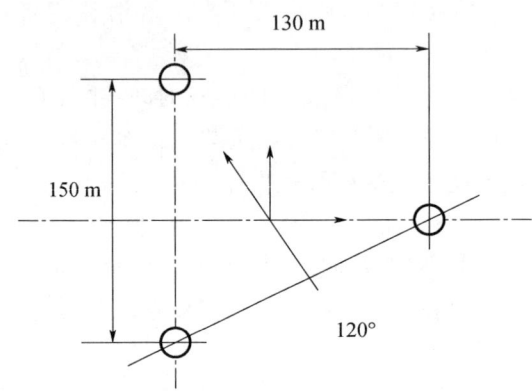

图 6.14 抗倾力矩的力臂计算图

关于摇摆量 δ 的取值，因为水深不同可能产生的摇摆也不同，由设计公司提供，如表 6.5 所示。这个数据对有上部模块的采油平台作业有参考价值。

表 6.5 不同水深的预测摇摆数据

水深(m)	95	90	80	70	60	50	40	30	20
δ(m)	2.3	2.1	1.9	1.7	1.5	1.2	1.0	0.8	0.6

自升式平台的压载方法都有各自的优缺点。使用典型压载量压载最方便，但有些典型压载计算并不能反映出钻井平台的工况和不同海区的海底地质情况。使用独立计算的方法确定压载量，则对计算的准确性要求比较高，但可以根据不同的情况使用不同的压载量。无论是在什么时候，最脆弱的地方是升降装置，因此计算各种工况的时候需要将升降装置的受力考虑进去，要求保证升降装置的工作在安全负荷状态下。

第三节 钻井作业状态的稳性

在实际钻井作业进行过程中，一样要对钻井平台进行可变负荷控制，校核桩脚负荷和悬臂梁负荷。

在实际的钻井平台操作中，存在一个现象，升降装置最大安全静负载余量的总和比操作手册允许在钻井作业状况下的可变负荷要大得多。也就是说,所有升降装置的安全静负载的总和减去平台的自身重量是大于平台的可变负荷的。

其主要原因是平台并不是完全静止的,在使用过程中存在各种各样的动负载。在平时钻井作业中,钻台上顶驱游车的运动和刹车、吊车的运动刹车,都能产生其本身重量3倍左右的动载荷作用到桩脚上。同时,在钻井作业区间,设计允许的环境载荷(12级的风力),比如风力和波浪,也会在桩脚上产生负荷。

因此,每个钻井平台都给出了各种工况的可变负荷数据,并且要求不允许超载。在钻井作业状态下的可变负荷计算,其实就是简单统计一下可变负荷的总量,并根据其重心位置计算一下各个桩脚的负荷,并有效控制可变负荷,避免超载。

在所有的计算中关键的一点是钻台负荷的计算。有些操作手册会根据钻台的不同位置列出不同的钻台可变负荷、悬臂梁可变负荷,并且对悬臂梁和钻台、大钩和转盘的所有总重量有一个要求。为了给处理井下复杂情况留下足够的备用负荷,有时候需要对相关的可变负荷进行单独校核。

在利用表格对可变负荷进行汇总计算的时候,需要注意几个问题:
(1)每样重量的估算要有根据,平时需注意收集相关资料。
(2)每样重量的重心估算需要准确,必要时可以采取丈量的办法。
(3)一定要对输入电脑的数据进行再次核对,并且对计算的公式进行核对。

第四节 风暴状态下的稳性

风暴状态,意思是平台设计阶段假设100年会出现一次的台风、海啸等恶劣自然环境。风暴状态下稳性的计算核心同样是可变负荷的校核,关键是在校核以后需要采取行动,预测作业时间,采取撤离人员等一系列措施。

每个平台都会在操作手册里面详细列出风暴状态下需要采取的一些重要措施。自升式平台的主要要求是减少可变负荷以达到操作手册要求,固定桩脚,均匀分配负载,固定设备物资等。在风暴状态的计算中,有时候需要将一些物资卸载到拖轮或者排放到大海,具体根据当时拥有的资源和作业的状况进行综合处理。

由于自升式钻井平台在稳性和船型方面的限制,其对拖航海况条件的要求很高,每个平台的操作手册对这些都有详细的指南。在拖航途中,如果通过天气预报知道未来会遇到恶劣海况,最好的办法就是选择避风场地,将平台升离海面,压载升船,以抵抗风暴。

第五节 自升式平台稳性计算的通常方法

一、可变负荷的统计和汇总计算

统计所有货物的重量、距离船艉的纵向重心、距离船舯轴线的横向重心、距离基线(船底)以上的垂向重心,并记录入表格。要注意,随着悬臂梁和钻台的移动,悬臂梁和钻台上的可变负荷重心位置会发生变化,应准确反映到计算表格(表 6.6)里面。

统计所有油水的重量、距离船艉的纵向重心、距离船舯轴线的横向重心、距离基线(船底)以上的垂向重心,并记录入计算表格(表 6.7)。

二、对所有的重量进行汇总

对所有的重量进行汇总,同时准确测量悬臂梁和钻台的重心位置并输入计算表格(表 6.8)中。

三、对桩脚升降装置受力进行校核

利用平台的总重量重心数据和平台桩脚负荷分配系数,计算出每个桩脚的升降装置负荷,进行校核。要求升降状态下每个桩脚负荷不能超过其安全动负荷。这个功能可以利用 EXCEL 表格的自动计算公式完成,结果如表 6.9 所示。

四、对漂浮状态下的稳性数据进行校核

根据可变负荷和平台重量数据,利用"静水力曲线表"对平台的计算吃水、稳心高、稳心高修正数据、横倾角和纵倾角进行计算,并且获得各个桩脚井吃水标尺位置的吃水数据。这个计算也可以利用 EXCEL 表格的自动计算公式完成,结果见表 6.10。

第六章 自升式平台

表 6.6 可变负荷统计表 1

项目		重量(t)	距船舯横材纵向重心 LCG(m)	距船舯横材纵向力矩(t·m)	距船舯船舯横向重心 TCG(m)	距船舯船舯横向力矩(t·m)	基线以上垂向重心 VCG(m)	基线以上垂向力矩(t·m)	自由液面修正力矩 纵向(t·m)	横向(t·m)
钻台立柱区		0.0	11.04	0.00	0.00	0.00	22.00	0.00		
1号防喷器		13.0	11.45	0.00	−6.38	0.00	11.66	168.22		
2号防喷器		2.0	11.45	148.85	6.38	82.94	12.94	34.00		
钻台值班房		2.0	9.13	18.26	7.50	15.00	17.00	140.00		
升降室	钻台	7.0	5.50	38.50	−3.00	−21.00	20.00	16.30		
	前1上甲板	1.0	54.30	54.30	0.00	0.00	16.30	21.00		
	前1下甲板	2.5	54.30	135.75	0.00	0.00	8.40	32.60		
	左3上甲板	2.0	14.64	29.28	−22.89	−45.72	16.30	50.40		
	左3下甲板	6.0	14.64	87.84	−22.86	−137.16	8.40	32.60		
	右2上甲板	2.0	14.64	29.28	22.86	45.72	16.30	16.80		
	右2下甲板	2.0	14.64	29.28	23.86	45.72	8.40	16.30		
上甲板	直升机坪	1.0	76.00	76.00	0.00	0.00	16.30	55.00		
	锚	22.0	33.80	743.60	0.00	0.00	2.50	58.00		
	锚标	4.0	21.80	87.20	0.00	0.00	14.50	460.80		
锚标区	No.1(左)	32.0	26.50	848.00	−4.00	−128.00	14.40	172.80		
	No.2	12.0	24.50	294.00	−3.00	−36.00	14.40	144.00		
	No.3(中)	10.0	24.50	245.00	0.00	0.00	14.40	144.00		
	No.4	10.0	24.50	245.00	3.00	30.00	14.40	216.00		
	No.5(右)	15.0	29.38	440.70	6.00	90.00	14.40	780.00		
管架区	No.1(左)	78.0	16.50	1287.00	−2.65	−206.70	10.00	850.00		
	No.2(中)	85.0	17.00	1445.00	0.00	0.00	10.00	800.00		
	No.3(右)	80.0	20.00	1600.00	2.65	212.00	10.00			

表 6.7 可变负荷统计表 2

项目		重量(t)	距船艉横材纵向重心 LCG(m)	距船艉横材纵向力矩(t·m)	距船舯横向重心 TCG(m)	距船舯横向力矩(t·m)	基线以上垂向重心 VCG(m)	基线以上垂向力矩(t·m)	自由液面修正力矩 纵向(t·m)	自由液面修正力矩 横向(t·m)
管线中的水和油		20.0	22.50	450.00	0.31	6.20	3.41	68.20		
机械设备中的水和油		47.0	33.13	1557.11	−5.05	−237.35	5.76	270.72		
深井泵中的水		10.0	17.80	178.00	−13.30	−133.00	0.00	0.00		
刹车冷却水		0.0	14.80	0.00	−5.06	0.00	13.48	0.00		
主机润滑油罐		3.4	34.70	117.98	−5.40	−18.36	11.50	39.10		
应急发电机润滑油		1.0	39.00	39.00	12.70	12.70	17.30	17.30		
左升降室内润滑油		2.6	19.30	49.22	−25.70	−65.54	11.40	29.07		
日用润滑油罐		2.0	41.40	82.80	7.50	15.00	2.90	5.80		
储藏室润滑油		1.0	34.00	34.00	−6.80	−6.80	6.10	6.10		
废油舱		7.0	29.22	204.54	10.33	72.31	0.29	2.01		
污水舱		5.0	26.88	134.40	10.17	50.85	0.30	1.48		
主机日用柴油舱罐		8.0	44.40	355.20	−6.40	−51.20	4.30	34.40		
锅炉燃油罐		0.0	47.40	0.00	−10.50	0.00	4.30	0.00		
应急发电机燃油		2.9	39.00	114.66	12.30	36.16	18.14	53.33		
液体舱容	淡水舱 1P	50.0	46.45	2322.50	−5.93	−296.50	0.29	14.57	378	1050
	淡水舱 1S	120.0	46.45	5574.00	5.93	711.60	0.70	83.91	378	1050
	淡水舱 2P	8.0	37.53	300.24	−3.97	−31.76	0.05	0.37	875	456
	淡水舱 2S	15.0	37.53	562.95	3.97	59.55	0.09	1.29	875	456
	柴油舱 1P	56.0	25.06	1394.34	−21.94	−1220.74	0.61	34.21	388	216
	柴油舱 1S	65.0	25.06	1621.72	21.94	1419.82	0.72	46.28	388	216

表 6.8 重量汇总表

项目	重量(t)	距船艉横材纵向重心		距船艉横向重心		基线以上垂向重心		自由液面修正力矩	
		LCG(m)	纵向力矩(t·m)	TCG(m)	横向力矩(t·m)	VCG(m)	垂向力矩(t·m)	纵向(t·m)	横向(t·m)
平台体	6130	29.450	180529.00	-0.330	-2022.90	6.920	42419.60		
钻台下底座	102	11.580	1181.57	0.000	0.00	15.850	1617.35		
钻台上底座	464	10.150	4708.97	0.190	87.67	23.880	11079.02		
桩脚和沉箱	2993	27.960	83684.28	-0.090	-269.37	47.560	142347.08		
沉箱水	1309	27.860	36468.74	0.000	0.00	-3.040	-3979.36		
海生物及沉泥	120	27.890	3343.20	0.900	108.00	-1.500	-180.00		
悬臂梁	412	17.640	7266.70	0.030	13.81	11.580	4770.64		
固体可变负荷	814	24.810	20184.11		17.41		7941.35		
液体可变负荷	801	32.440	25982.33		653.08		911.20	21732.00	16572.00
升降状态总计	8722	27.500	239852.18	-0.143	-1250.92				
漂浮状态总计	13144	27.643		-0.107	-1412.29	15.743	206926.88	21732.00	16572.00
可变负荷总计	1614				670.49		8852.55		

表6.9 升降状态桩脚负荷计算

平台重心及重量				
平台横向中心	LCG(m)		27.50	
平台纵向中心	TCG(m)		−0.14	
平台总重	(t)		8722.415584	
桩脚负荷分配系数				
$C_f=(LCG-14.64)/39.66$			0.324214994	
$C_s=(54.3-LCG)/79.32+TCG/45.7$			0.334755703	
$C_p=(54.3-LCG)/79.32+TCG/45.7$			0.334755703	
预想的风暴状态				
工作水深	(m)		70	
最大风速	(m/s)		100	
最大波高	(m)		15.2	
最大流速	(kn)		3	
风力附加的预计负荷	(t)		1273	
波浪流附加的预计负荷	(t)		700	

序号	项目	各桩脚负荷			公式
		1号 前(f)	2号 右(s)	3号 左(p)	
1	桩脚号				
2	桩脚位置				
3	桩脚负荷分配系数	0.32421499	0.334756	0.341029	C_f, C_s, C_p
4	升降状态桩脚静负荷	2827.94	2919.88	2974.60	系数×平台总重
5	压载状态桩脚静负荷	满足	满足	满足	
6	风力附加的预计负荷				
7	波浪流附加的预计负荷				
8	压载所需总负荷				

序号	要点说明		
1	每一升降小齿轮的最大安全动载	(t)	186
2	每一桩脚的最大安全动载(186×16)	(t)	2973
3	升降状态桩脚负荷(每一桩脚)<2976 t,则满足,否则不满足		
4	每一升降小齿轮的最大许可动载	(t)	200

表 6.10 漂浮状态稳性计算

序号	项目	符号	公式	数值	单位	备注
1	排水量	Δ	得自重量计算表	13144.42	t	
2	相应吃水	d_c	得自重量静水力表	4.51	m	
3	纵向重心	LCG(XG)		27.61	m	
4	横向重心	TCG(YG)		-0.11	m	
5	垂向重心	VCG(ZG)	得自重量计算表	15.74	m	
6	横向自由液面修正	TFSC		16572	t·m	
7	纵向自由液面修正	LFSC		21732	t·m	
8	横向 VCG 增加	TGGO	序 6/Δ	1.26	m	
9	纵向 VCG 增加	LGGO	序 7/Δ	1.65	m	
10	横向 VCG 修正	VCG(KG)	序 5+序 8	17.00	m	满足
11	纵向 VCG 修正	VCG(KG)	序 5+序 9	17.40	m	满足
12	基线上横心高	TKM	得自静水力表	48.67	m	
13	横稳心高	TGM	序 12-序 10	31.66	m	
14	基线上纵心高	LKM	得自静水力表	54.74	m	
15	纵稳心高	LGM	序 14-序 11	37.34	m	
16	纵向浮心	LCB(XB)	得自静水力表	28.37	m	
17	纵向浮心到纵向重心的距离	BG	序 16-序 3	0.73	m	
18	横倾角		$\tan^{-1}$(序 4/序 13)	-0.19	°	
19	横倾		船宽 64.62×(序 4/序 13)	-0.22	m	
20	纵倾角		$\tan^{-1}$(序 17/序 15)	1.12	°	
21	纵倾		船长 65.00×(序 17/序 15)	1.27	m	
22	纵向漂心	LCF(XF)	得自静水力表	27.19	m	
23	船艏吃水	d_F	序 2-(65.00-序 22)×序 21/65.00	3.77	m	
24	船艉吃水	d_A	序 2+序 22×序 21/65.00	5.04	m	
25	平均吃水	d_m	(序 23+序 24)/2	4.40	m	
26	No.1 桩脚井吃水			3.93		
27	No.2 桩脚井吃水			4.74		
28	No.3 桩脚井吃水			4.91		

五、对压载数据进行计算

利用计算出的环境载荷,求压载需求量,根据压载需求量对各个压载舱的水进行调整,使压载量满足压载需求量的要求,并且校核海底支撑力。在这一步里面,利用EXCEL表格的自动计算公式功能对所有的计算进行设计,然后只需要输入环境载荷的数据(表6.11)和各个压载舱内压载水的数据(表6.3)即可以完成计算。

表6.11 预想的风暴状态

项目	数值
工作水深(m)	80
最大风速(kn)	100
最大波高(m)	14
最大流速(kn)	3
风力附加的预计负荷(t)	1101
波浪流附加的预计负荷(t)	678

六、在压载完成后,对平台的抗倾力矩进行校核

这个功能也可以利用EXCEL表格的自动计算公式进行计算,需要根据工况查阅相关图表,计算出波浪流力矩、风力力矩、风力高度系数、平台实际气隙、平台的设计气隙、平台的最大摇摆量,然后利用这些输入的数据计算出平台的安全系数。安全系数需满足中国船级社的要求。结果见表6.12。

表6.12 平台风暴抗倾力矩校核

工作水深(m)	80		平台气隙(m)	28.00	
最大风速(kn)	100		设计气隙(m)	11.60	
最大波高(m)	14		平台重量(t)	11529.96	
最大流速(kn)	3		风暴可变负荷(t)	1390.00	
波浪流力矩(mt)	27674	查表	平台摇摆量(m)	1.90	查表
风倾力矩(mt)	39500	查表	安全系数公式	(平台重量+可变负荷)×(13.2-摇摆量/倾覆力矩之和)	

续表

风力高度系数	1.25	安全系数	1.70	美国船级社 ABS 要求＞1.1，中国船级社 CCS 要求＞1.3
风力力矩高度系数	1.179039301	1+(平台气隙−设计气隙)/(水深+设计气隙)		
真实风倾力矩(mt)	58215.0655	倾覆力矩=波浪流力矩+真实风倾力矩		

关于拔桩吃水，首先考虑以冲桩效果为主，然后辅以适当的加大吃水，两者相加，将桩拔起。加大吃水一般是采用每次小吃水、多次加的方式。

冲桩时，先用泥浆泵高压冲通，再用大排量低压泵冲，直至桩腿拔出泥面。

作业时限的选取中，降船、冲桩、拖航、升船压载、升船至作业高度等封闭循环作业段，均选取白天进行为宜。注意：要按作业流程，确认有足够的有效工作日（环境条件，如气温、风、浪、流、冰等均应考虑在内）。

稳性与压载技术

第七章　事故案例分析

一、渤海二号钻井船翻沉

1979年11月25日03:35,石油工业部勘探局渤海二号钻井船(简称渤2),在移井位拖航途中,于东经119°37′48″、北纬38°41′30″不幸发生翻沉事故。船上职工74人,死亡72人。该船于1968年建造,1973年从日本引进。

1. 事故经过

1979年11月20日,渤海二号钻井船(即钻井队)接受从渤东423构造搬迁至相距117海里的歧口凹陷南侧102构造,在年底前再打一口10B13-1井的任务后,立即着手进行拖航准备工作,并于20、21日两次发出电报给钻井处,要求卸载和摸潜水泵(因风大掉入海中,可能掉在沉垫箱上)。来电前已经作了卸载船只安排,但因气象影响未起航。11月22日上午09:00,考虑到时间紧迫,钻井船不在原井位卸载和摸潜水泵(平台与沉垫箱之间留出1 m),而在离新井位4海里的"过渡点"升船一次,再摸潜水泵和卸载;派一条8000马力*的282拖轮拖航。

从23:10直到次日02:45,渤2严重险情接连发生。25日02:30以前,渤2遇到8～9级大风,阵风10级的东北大风,泵舱通风筒被打掉,大量海水灌进泵舱。全船人员紧急动员,强行堵漏。因风浪大,筒口堵不住,为了减少风筒口的进水,拖航小组要求282拖轮调向,无效,再次命令紧急调向。03:10至03:20,渤2电台向局发出"我船开始下沉"的报告。接着,用内部频道发出三次"SOS"呼救信号,随即失去联系。03:30,船体倾斜下沉严重,紧急通知282拖轮救人。约过了5分钟,渤2即倾倒沉没。

---

* 1马力≈735 W。

第七章 事故案例分析

2. 事故的原因和性质

首先,从根本上讲,渤2这次移井位拖航,没有排出沉垫压载舱内的压载水,违背了《富士号(即渤2)自升式钻井船使用说明书》第二节第二条第三款(B)"排出沉垫压载舱内的压载水"的规定;其次是,局拖航会议虽然研究了渤2关于拖航准备工作的意见,但考虑到时间紧迫,最后作出了拖航前不摸潜水泵、不卸载的错误决定。不摸潜水泵,使平台和沉箱不能贴紧,客观上失去了排压载水的条件;不卸载,平台上可移动的载荷多,固定不好,增加了不安全的因素。从对这次事故经过的调查和原因的分析来看,这次事故是一起违章指挥的重大责任事故。

3. 事故的处理

1980年4月19日,天津市联合调查组提出《关于石油部海洋石油勘探局渤海二号钻井船翻沉事故的调查报告》,认为事故有三条原因:一是没有排出压载水,二是平台与沉垫舱没有贴紧,三是没有卸载。这三条原因的共同影响破坏了拖航作业的稳定性的要求,加深了吃水,降低了干舷,严重削弱了抵抗风浪的能力,使本来能抗12级以上风的渤2却经不起8～9级风(阵风10级)的袭击,以致通风口被打断后,海水大量涌入泵舱,船体失去平衡,造成翻沉。没有排出压载水是造成渤2翻沉的致命原因。渤2翻沉是一起严重违章责任事故。

1980年4月29日,国家劳动局、全国总工会向党中央、国务院、高检院、中纪委提出"渤海二号事故并不是'突遇大风,不可抗拒'的自然灾害,而是一起由于海洋石油勘探局的主要领导干部玩忽职守,不负责任,违章指挥造成的重大责任事故";对于事故的主要责任者、直接责任者追究刑事责任,对于重要责任的其他人员给予必要的纪律处分。

1980年5月24日,石油部向国务院并党中央报告,承认渤2事件是一起违章指挥造成的重大责任事故,石油部负有主要责任。1980年8月25日,党中央、国务院联席会议决议:①解除时任石油部长的职务,提请人大常委会批准;②国务院主管石油工业的副总理,对这一事故没有认真对待和及时处理,在国务院领导工作中负有直接责任,决定给予记大过处分;③国务院对渤2死难的同志表示沉痛的哀悼,对他们的家属致以深切的慰问。

4. 事故分析

渤海二号翻沉惨案已经过去四十多年,现在分析其发生的原因和应接受的教训只能对当时的情况进行假设,但当今和将来的平台拖航、就位和升降船工作应该引以为戒。

(1)如果当时有大型平台拖航前必须经过船舶检验机构检验合格,取得适拖证书的规定,就不会由局拖航会议作出错误决定进而不做准备就降船拖航,渤2就不会翻沉。

(2)如果当时的拖航小组组长是由经过海事局考试合格取得船长资格适任证书的人担任,就不会在大风浪中发出渤2紧急调向的指令,渤2就不会翻沉,最坏结果是沉没,不至于72个人遇难。

(3)如果当时利用渤2升降船快的优势,当即决定就地升船,渤2可能不会翻沉。

(4)如果当时甲板物资都固定牢固,钻具就不会打掉风筒,造成舱内大量进水,人员惶恐,作出错误决策。

(5)如果平台配备了足够的膨胀式救生筏、密封式救生艇和防寒救生服,并且按规定进行了定期检验,就不会有72人遇难。

(6)如果当时的一些领导,放下架子,虚心学习海洋和船舶知识,虚心向内行学习,就不会违章指挥,渤2就不会翻沉。

二、"爪哇海"号钻井船翻沉事故

1983年12月25日,美国阿科石油公司租用的美国环球海洋钻井公司的"爪哇海"号钻井船,在中国南海莺歌海海域作业期间,因受8316号台风袭击翻沉。当时钻井船上共81人,无一幸存。遇难人员涉及7个国籍,其中美国人37名,中国人35名,英国人4名,新加坡人2名,加拿大、澳大利亚和菲律宾人各1名。据报告全部损失达35000万美元。

1. "爪哇海"号钻井船概况

"爪哇海"号钻井船是由阿科石油公司(作业者)租用美国环球海洋钻井公司(承包者)的一艘浮式钻井船。据美国环球海洋钻井公司提供的"爪哇海"号钻井船基本技术性能说明书上介绍:这艘钻井船设备完善,工作效率高,可在各种恶劣气候条件下作业。它建造于1974年,设计工作水深为

305 m,船体长 121.20 m,宽 19.81 m,有 6 个总功率为 4500 马力电动机驱动的一对螺旋桨,时速约 10 海里,最大排水量 11200 t。另外,还备有 2 艘长 9.14 m、能自动推进的密闭式救生艇,每艘可乘 64 人,有 3 套通信设施。

按合同规定,这艘船的一切钻探作业程序,由作业者制订。在不可抗力的情况下,是否让"爪哇海"号船上人员撤离避风,由作业者决定。

"爪哇海"号是 1983 年 1 月 9 日进入我国莺歌海作业的。沉没前钻探的乐东 30-1-1 井是进入我国海域钻的第 3 口井,位于海南岛西南方 124 km 的海域,水深 96.6 m,设计井深 5181.6 m,1983 年 9 月 2 日开钻,事故发生时井深为 3203.4 m。当接到 16 号台风预报时,"爪哇海"号下钻具至井深 1920.4 m,并将其悬挂在井口上,起出隔水套管,做防台风准备工作。

2. 事故经过

1983 年 10 月 22 日 14:00,16 号台风于北纬 $16°23'60''$、东经 $116°12'$ 处形成,中心风力 8 级,以每小时 20 km 的速度向西北方向移动。南海西部公司气象台用广播形式,发布了台风消息。14:30,船舶大队调度冯某向"南海 205""南海 209"船发出电报,提请两条船注意台风动向。10 月 23 日 08:00,西部公司气象台副台长石某与阿科石油公司中方人员联系,报告了 16 号台风情况,提请注意做好防台风工作。他们表示已接到气象台的预报,知道了这个情况。10:00,作业部副经理赵某用电话告诉阿科电台王茂某关于 16 号台风情况,并要求他转告阿科石油公司和"爪哇海"号,要密切注视台风动向,采取防台风措施。16:00,赵某通过电话告诉阿科管委会中方代表李某关于台风的情况,要求他督促阿科公司做好防台风工作。24 日 07:30,船舶大队调度许某向"南海 205"船发出急报,告之台风动向。08:00,西部公司气象台副台长石某向赵某当面汇报了台风动向,明确指出 16 号台风有可能正面袭击"爪哇海"号。赵某立即将此情况用电话通知李某,李某说已询问过"爪哇海"号,钻井船已起出隔水套管,正在做防台风准备。赵某对李某说台风有可能正面袭击"爪哇海"号,不能麻痹,要采取防台措施。09:30,李某到阿科石油公司找到钻井总监弗某,指出台风有可能正面袭击"爪哇海"号时,弗某当即拿出气象台发出的气象预报电传,并把李某带到地图前,查看图上用铅笔画出的几天来台风行动路线及每一汇报点的记录,标明未来 12 小时、24 小时的台风方向指向海南岛三亚。李某向弗某建议"爪哇海"号移位避风,弗某说现在无路可走,如果向海南岛靠拢,那里正是台风中心经过的路线，往西南是越南，往东逆着台风，唯一的办法只有固锚等待事态发展。最后，弗某对李某说："请你们放心，我们一定会做好安全工作的。"11:00，船舶大队调度吴某派翻译王某打电话给阿科石油公司，要求作出"南海205"船防台风程序。阿科公司管船的负责人布某说没有做出防台风程序，因为这不是台风，只是强风，"爪哇海"号不准备起锚避风，至于供应船，到时在"爪哇海"号附近等待或起锚避风。如果有进一步消息，将尽快告诉调度，人员也没有撤离的准备。

25日07:00左右，作业区海面风力已达8～9级。连"南海205"船的锚都抛不住了，经雇主"爪哇海"号钻井船的监督同意后，"南海205"船朝着340°至310°西北方向慢慢航行。13:00，"南海205"船左舷甲板的两排木架板被海浪打散。固定套管的铁链、钢丝绳被拉断，一根套管掉入海里。19:00左右，"南海205"船在距离"爪哇海"号1海里的海面升沉起伏，海浪不时盖过驾驶楼，船艉涌进的海水有1～2 m高，旋转风达12级。这时，船长余某告诉三副："通过'爪哇海'号所在地时，千万要小心，不要碰上'爪哇海'号的浮筒。"风浪在逐渐增大，固定大型冷藏集装箱的铁链也被拉断了。几吨重的冷藏箱被海水推翻，在甲板上翻滚。

这时船长采取改变航向，朝东南150°方向行驶，让右舷尾部受风的方法，以避免危险，并把此情况报告"爪哇海"号。"爪哇海"号翻译阮某对"南海205"船说："我们餐厅的碗也放不住了，大概摇摆20°～30°。"

23:15，刮的旋转风阵风已达13级，风速40 m/s，气压1001 hPa，"南海205"船离"爪哇海"号约16海里。船长又与"爪哇海"号通了一次话，当时"爪哇海"号还主动问"南海205"船有什么要求。船长回答："现在进退两难，只有抗风航行，顶住。""爪哇海"号表示同意。

26日00:00，"南海205"船长和二副反复呼叫"爪哇海"号均无回应。

3. 搜寻情况

25日23:00，基地阿科电台沈某收到三亚电台转来的"爪哇海"号情况时说："作业区风力越来越大，钻井船摇摆越来越大，已要求全体人员穿上救生衣。"从这以后，基地同"爪哇海"号失去联系。西部公司决定基地阿科电台、三亚电台和本公司电台都分别对两艘船不断地呼叫。直到26日06:53，基地阿科电台才与"南海205"船联系上。阿科公司和西部公司先后通知"南海205"船立即驶向原井位了解"爪哇海"号钻井船的情况。

26日 12:00,南海舰队派出第一艘"156"拖轮到出事海面搜寻。至16:00,海军方面的舰艇增加到四艘,加上广州救捞局的穗救"201"、穗救"205"船和"南海205"船,共有七艘船只在出事地点周围和附近海域进行搜寻工作。这天由于天气不好,飞机未能起飞。

27日,"南海205"船发现在原井位海面有两条约12 m和3 m宽的油迹,并嗅到了一股很浓的柴油味。"南海205"船采用测深仪进行探测,在原井位6号、7号、8号锚标中间发现一个高出海底20 m、长约100 m的突出物。

28日,南海舰队猎潜艇用声呐扫描,也发现有金属物体回波。

10月29日至11月1日,两艘船分别用阿科石油公司租用的旁测声呐进一步扫描探测。初步测定:海底突出物和"爪哇海"号船体相同,在扫描得出的图像中,可较清楚地辨别出直升机坪和锚链等物。

11月3日,南海舰队潜水员在水深65 m处摸到了沉船,在水深80 m处看到了沉船颜色。沉船方位224°,倾斜约90°,离原井位275 m,进一步证实"爪哇海"号钻井船已经沉没。

截至11月4日,中国一共出动各种舰艇船只22艘、飞机6架参与援救、搜寻工作,美国阿科石油和环球公司也联系了国外飞机、外轮参加搜寻任务。援救、搜寻以寻人为主,找船为辅,搜寻重点是作业区海面和沿海一带。搜寻面积达63070 km^2,打捞到了一些"爪哇海"号漂失的物品,但一直未发现幸存者和遇难者。

美国环球公司租来的新加坡"马尼拉"号调查船用遥控摄影头潜至井架处,见到井架与船体有点脱离。飞机坪损坏严重并已插进淤泥里,船体有一条裂口。"马尼拉"号潜水员已观察了餐厅和一个船舱,未发现尸体。"爪哇海"号备用的两个密闭式救生艇均已不在海底。

4. 事故原因

事故发生后,美国国家交通安全委员会和海岸警卫队联合举行过6次听证会,调查事故发生的原因,并于1984年11月由安全委员会发布了事故调查报告。在这份报告中,安全委员会分析造成"爪哇海"号翻沉的可能原因是"爪哇海"号决定在台风袭击作业区时,将九条锚链紧紧拉住钻井船,使其正面受到最大风浪的袭击,由于某些不明原因的结构破坏,造成船的主体结构右舷断裂,第6、7号舱进水;造成大量人员死亡的原因是阿科和环球公司的管理人员及船长未能及时地将非必需人员撤离钻井船。

5. 事故分析

(1) 如果南海西部公司的领导不是片面地相信美国环球海洋钻井公司提供的"爪哇海"号钻井船基本技术性能说明书中广告式的宣传,即"这艘钻井船设备完善,工作效率高,可在各种恶劣气候条件下作业",就不会与阿科石油公司签订含有"在不可抗力的情况下,是否让'爪哇海'号船上人员撤离避风,由阿科石油公司决定"条款的合同,在台风到来之前就不会只做些通报、告知之类的工作,在人命关天的问题上没有决策权。

(2) 如果当时有完整的防台风应急预案和应急程序,平台则会按程序及时撤离现场,或只抛船头两个锚使船头顶风顶浪,关键时刻开动推进器减轻两个锚的受力,或及时撤离平台人员,"爪哇海"号就不会翻沉和造成大量人员的死亡。

(3) 应接受的教训:对钻井船可能遇到的各种非常事件提前制订完整的应急预案,如防台风、防井喷、防硫化氢(H_2S)、防火灾爆炸、防冰、防溢油和弃船等,并在平时按程序进行演习。

三、"南海四号"钻井平台拖航断缆事故

1993年9月21日18:00,"南海四号"钻井平台由南海213船从香港拖回北部湾。9月25号04:32,"南海四号"被拖航到北纬20°0.76′,东经111°3.1′时,因受9318号台风影响,顶风拖航,导致拖缆突然破断,使"南海四号"平台失控飘移,并触礁损坏,直接经济损失170万美元。

1. 事故经过

1993年9月21日,"南海四号"钻井平台从香港返回北部湾作业,由船舶公司指挥,南海213船主拖。9月21日18:00,从香港中英交界水域启程;9月22日,因航行前方遇热带低压,15:55返回万山群岛插桩避风。因海床地基太软插桩未成功,拔桩后向上川岛方向航行。

9月24日7时,航行至湛江以东约100海里(北纬21°44.3′,东经114°18.4′)时,风力逐渐加强,经请示西部公司领导,原地调头顶风,以便在热带低压登陆后续航。西部公司派出"南海210"船前往护航。24日16:20,海上风速达18 m/s,"南海213"船以70%螺距动力拖航,仍以每小时1海里速度后退,

这时"南海四号"请求派飞机撤人。西部公司领导立即启动应急中心指挥拖航抗风,同时根据当时气象、海况和平台设施的状态,没有同意平台撤人。21:30,"南海213"船和"南海四号"再次调头,以求顺风通过琼州海峡。

25 日 02:00,此时风力逐渐加强到八级,中央气象台将这个热带低压编号为9318号台风。"南海四号"再次要求"平台摇晃十几度,人员已穿上救生衣,要求派飞机接人"。西部公司与海直公司商量后,派出两个架次直升机,接回平台人员 20 名。04:32,"南海213"船报告断缆(北纬20°8.2′、东经111°3.2′),平台处于无控制漂移状态,而平台上仍有 19 名人员。

接报告后,西部公司当即指示:①"南海四号"紧急抛锚,强行插桩(当时平台抛了 1 号、3 号锚,桩腿未放);②平台立即发出紧急求救信号;③"南海213"船、"南海210"船随平台护航,准备重新接拖;④继续派飞机接人(当时因天气不允许未能起飞)。

为了稳定仍留在平台人员的情绪,06:38,公司副总经理刘某、船舶公司副经理孔某、钻井公司调度室副主任王某乘直升机去平台指挥抢险并接回平台 11 人。

10:25,钻井公司组织 10 人抢险队,飞赴平台,在公司领导指挥下,协同留在平台人员冒着风雨拔楔块、插桩、升船。15:12,平台升离海面5 m,位于北纬 19°43.4′、东经 111°00.7′,危险基本解除。

2. 事故暴露的问题

(1)对热带低压发展成以后的9318号强台风严重认识不足,思想上麻痹大意,有几次决策认为"热带低压会很快就过去了",导致了断缆,使本来就比较复杂的拖航变得更复杂,造成平台上职工情绪更不稳定。

(2)此次事故暴露了管理中存在的问题:

①从西部公司角度,放松了此次拖航的管理。过去,西部公司对拖航作业非常重视,每次拖航前,公司都召开专门的拖航会议,制订详细的拖航方案。从当年 2 月份开始,海上作业繁忙,认为多年来已形成一套完整的拖航管理程序,钻井、船舶已具备了组织拖航的能力,为此决定今后的拖航作业改为由钻井公司以合同形式,委托船舶公司全权负责,西部公司不再直接指挥拖航。这一形式曾顺利地完成了多次的拖航作业。

"南海四号"拖航前也召开了拖航会,但由于平台从香港归来,拖航小组人员未经联检无法上平台指挥,船舶公司决定任命"213 船"船长为拖航小组组长指挥此次拖航作业,另一名船长协助工作,致使这次拖航的领导力量薄弱。而当西部公司发现这个问题后,也没有果断下决心及早派人上平台弥补这一缺陷,使拖航指挥工作未能直接在平台上进行。

②这种指挥关系不能适应长距离、复杂气候拖航作业。实践证明,长距离,特别是在有类似热带低压复杂情况的拖航作业,虽然由船舶公司负责指挥,但作为西部公司领导,也必须关心拖航作业的安全。加之船舶公司在指挥拖航遇到困难时,未能和西部公司领导及时沟通,增加了正确决策的难度。

③钻井平台拖航前的准备工作做得不深不细,平台上的主要领导缺乏拖航经验,使以后指挥拖航抗风中的决策受到影响。据事后调查,"南海四号"上的井架在拖航前存在加固不够的问题,在 7~8 级风力情况下井架前后左右平移达 2.4 m 和 3.6 m,加大了平台摇晃的角度。加上天黑、风大显得不够冷静,平台上的指挥拖航的领导不够冷静,致使平台人员抗风的组织力量工作不够得力,职工的情绪不够稳定,进而导致西部公司领导也受平台职工情绪的影响,冒了更大风险,用两架次直升机接下来 20 人,更加引起留在平台人员的不安定情绪。

"南海四号"平台上井架加固不够说明,我们虽然制定了一整套拖航的规章制度,但没有认真执行,此次平台险情的出现与此有直接关系。

3. 事故原因分析

"南海四号"钻井平台拖航断缆事故发生的主要原因如下:

(1)南海西部公司领导对此次拖航重视不够,思想上麻痹大意,未出面组织召开拖航会议和制定详细的拖航计划,没有尽到甲方的职责。

(2)平台拖航前没有进行联检(客观条件是平台从香港归来),存在的风险源没有得到识别和及时更改,如井架固定不牢。

(3)拖航小组成员没有能够登船指挥,临时委派"南海213"船长为托航小组组长(客观条件是平台从香港归来),只凑合了拖航小组的形式,放弃了拖航小组的实质内容。

四、"渤海四号"钻井平台拖航遇险事故

1994 年 9 月 29 日,"渤海四号"钻井平台从日本札幌海域—中国渤海歧口海域拖航过程中,因受 9426 号台风影响,遇险搁浅。

第七章　事故案例分析

1. 事件经过

"渤海四号"本次的拖航,自日本的札幌海域到中国的渤海歧口海域,航程1750海里,由上海救捞公司的20900匹马力的"德大号"船承担主拖,计划15~16天拖到,在渤西平台的人员共36人,在"渤海四号"负责拖航安全以及值班的人员共5人。

"渤海四号"钻井平台在完成钻井工程后,用三天的时间进行了水密、固定、稳性计算与调整工作,对在拖航中可能遇到的包括台风、暴风的应急情况都做了详细的布置,明确了各种应急情况时的岗位并进行了弃船演习。9月20日自井位降船拖航至小樽港临时升船。21日进行通关工作后,于18:20降船由"德大号"主拖,驶往中国渤海。

9月28日,受9426号台风影响,船体摇晃严重,船上全体人员投入加强固定和水密工作,再次上紧桩腿楔块的压铁,以确保拖航的安全。

9月29日,台风影响加重,船体发生巨大的抖动,海浪冲击上甲板,造成险情不断发生,固定完好的应急氧气瓶、应急用品柜被打倒,各种内部物品来回撞击,全体人员穿好救生衣待命,时刻准备弃船。中间,船上人员根据实际情况随时调整应对风险的措施,至20:25,"渤海四号"平台终于搁在了浅滩上,但主拖缆拉断,船再不能有丝毫移动,否则将发生不可预料的后果。随后,船体进行调整,使其振动量减到最小。21:00,"渤海四号"平台已较稳定。

9月30日07:30,船体进行各种修整,以便随时进行下一步的动船离滩工作。

2. 损失情况

根据检查结果,船体损坏较严重,特别是一号桩靴要换7块板,其他桩靴都有不同程度的损坏,升降齿轮、齿条部分脱落,直升机平台变形,救生艇等甲板设备多处破损。据估算,修理费约400万~500万美元。

3. 事故原因分析

9月26日,"渤海四号"收到9426号台风的消息后,船上五方代表召开紧急会议,研究对策。作为拖航总指挥的日方认为,台风气流造成的北风不会对"渤海四号"构成威胁,而且此次使用的拖轮马力很大,有足够的拖力,因此决定继续向前航行。事实证明,对风力、风向及航行位置的判断基本准确,但是没有想到该海区汹涌的涌浪险些使"渤海四号"船毁人亡。

拖航五方代表人员都具有丰富海上经验,各方又都无过错,且明知近期有台风的情况下,为什么会发生拖航遇险,险些造成船毁人亡呢?

首先,拖航五方代表不是一个正规的拖航领导小组,只能说是经济合同各方制约体。拖航组长(拖航总指挥)不具有船长的适任证书,主拖轮"德大号"的大副,在组内显然只是一个接受任务的角色,组内也没有懂气象的人员,因此,可以说组织机构不健全是这次遇险的一个主要原因。其次,拖航前没有组织联检,致使一些风险没有提前被识别并采取应对措施。

五、"勘探二号"升降船事故

1. 事故描述

1977年5月,我国从日本引进的水深90 m自升式钻井船"勘探二号"在南海作业发生事故,由于维护人员不慎,使上万吨的钢制平台瞬间下降400 mm,虽然距离很短,却使得升降装置驱动电动机短时间转速超过9000转/分,致使转子部件飞出,造成升降装置驱动电动机严重损坏。

"勘探二号"是中国地质矿产部上海海洋地质调查局拥有的第一个自升式海上石油钻井平台,它同隶属石油部南海石油勘探指挥部的"南海一号"是姐妹平台。两个平台用一套图纸在新加坡罗宾船厂先后建造成。"南海一号"于1976年底拖运到海南岛三亚港外,"勘探二号"于次年5月初从新加坡拖运回国,靠泊于珠江口外的万山群岛水域,插桩海底,并将平台升到海面以上5 m左右浪潮打不到的位置,准备人员到齐后,将平台升高至钻井位置,进行海上钻井人员培训工作。1977年5月4日,海洋地质局在佛山举行盛大晚宴,为"勘探二号"顺利拖航回国庆功,平台上除留下七位技术骨干和炊事员做平台起升的工作外,其余人员均于当日中饭后离平台去佛山赴宴。"勘探二号"平台呈三角形,三条100多米高、截面呈等边三角形的巨大桩腿被升到平台上,像三个擎天钢架直插天空。平台三角形船体漂浮水面,在艉部带缆同拖轮相连,就可拖航。平台拖抵泊位后,靠升降机构将桩腿伸到海底扎实后,再启动升降机构,平台沿桩腿慢慢上升到钻井高度,锁定升降机构,三条巨大的桩腿支撑着平台在海上作业。"勘探二号"的升降机构由巨型齿轮、齿条构成。每条桩腿是由三根巨大的两侧焊有巨型齿条的钢柱呈构架结构焊接而成。平台上齿轮箱内的齿轮同桩柱两侧的齿条啮合,使平台和桩腿连成一体。每根桩柱的两侧有四个由升降马达驱动减速的齿轮箱,带动四个大齿轮同齿条啮合,一条桩腿上就有12个齿轮同三根桩柱上的六根齿条啮合。每条桩腿上带动齿轮活动的12台马达是同步转动的,保证每条桩腿的升降平稳。三条桩腿上的36台马达可同步转动,保证平台平稳的升降。当升降马达正转时,平台上升;马达反转时,平台下降。升降机构的锁定靠升降马达的四个刹车和桩柱与平台间楔块来完成。根据"南海一号"多次升降平台总结的一套操作程序和岗位职责,平台升降没有15~20人各司其职是难以顺利进行的,而此时"勘探二号"上,能参加升平台作业的只有七个人,虽然都是技术骨干,但一人多岗,难免在平台起升中出现顾此失彼的差错,搞不好会出大问题。

5月4日,平台计划下午四时起升。平台人员明确分工:席工程师在驾驶室总指挥;电工技术员X在操作室操作起升机构;轮机工程师H负责机房供电;三位钻井工程师每人负责一条桩腿齿轮、齿条的加油润滑和观察起升情况;Y工程师作为机动人员,负责各处联络。下午四时整,对讲机里传出了总指挥席工程师的询问:"机房供电是否正常?""操作室是否做好准备?"和"各条桩腿情况如何?"。当得到"一切情况正常!"和"已做好起升准备!"的答复后,总指挥下令:"升平台!""嗵!"指令刚完,一号桩腿处传来一声金属撞击的巨响,随之是一阵像什么东西炸裂抛洒在地上的声音"乓!哗!哗!哗……"。"停止操作,检查事故!"对讲机里传出了席总指挥的紧急指令。七个人很快汇集在一号桩腿升降装置处,甲板上一遍狼藉,散落着大小不等的升降马达刹车带碎片。经检查,一号桩腿12台升降马达的刹车装置全部损坏,刹车带上的刹带片全部碎裂。一号桩腿上的齿条和平台升降机构的齿轮已不呈啮合状态而发生错位。从平台水平仪上看出,整个平台向一号桩腿处发生轻微倾斜。从平台总体来看,此时二、三号桩腿情况正常,齿轮和齿条紧密啮合,桩腿承受着平台重量,而一号桩腿已不能正常吃力,靠三点支撑的平台,变成了两点支撑的悬臂梁,如不赶快恢复一号桩腿到正常受力状态,将危及平台安全。看完事故现场和平台状况后,大家到主甲板围坐在井场上,分析事故原因和研究对策。参加过新加坡平台监造的几位工程师,根据观察的情况进行分析,判断事故是由于电工技术员X操作失误,致使一号桩腿12台升降马达刹车带松开后,马达没通电转动,齿轮凭重力作用下滑,此时减速箱变成了加速箱,引起马达轴高速反转。电工技术员想制止齿轮下滑,启动刹车装置,马达轴高速反转的能量把刹带片击得粉碎。经过讨论,取得共识:赶快从二、三号桩腿处下降平台到水平位置,恢复齿轮、齿条的正常啮合,再修复马达的刹车装置。

晚饭后,大家各就各位,进行下降平台的工作。按计划先从二号桩腿处下降平台到预定位置,后从三号桩腿处降平台。约在傍晚七时左右,随着对讲机中传来席总指挥的一声指令:"二号桩腿降平台!"二号桩腿处发出一声金属猛烈撞击的巨响"嗵"!随之是有东西被击碎后洒落甲板的声音"乓!哗!哗!哗!……",同下午发生事故情景完全相同。听到"停止操作!检查事故!"呼叫后,大家立即奔向二号桩腿升降船井处。经检查,发生事故的原因和对二号桩腿升降机构造成的损失,同下午在一号桩腿发生的事故完全相同。此时整个平台靠三号桩腿支承重量,已呈一个单点支撑的三角形悬臂梁,明显向一、二号桩腿方向倾斜,处于极端危险状态中。大家都不明白,X 技术员为何接连发生两次相同的失误,使平台陷于险境?当时除 X 外的六名技术人员,只想如何使平台脱险,既无时间,更无心思去追究事故的责任和原因。要想平台脱离险境,唯一的办法是使平台恢复水平位置,使三条桩腿都承受平台重量。方法只有两个:一是从一、二号桩腿处升平台;二是从三号桩腿处降平台。一、二号桩腿升降马达的刹车装置全部损坏,不可能通过马达将平台上升复位到水平位置;三号桩腿升降机构虽完好无损,但它承受着平台的几乎全部重量和悬臂梁作用引起的巨大挠力,如松脱其刹车机构,后果不堪设想,因此从三号桩腿处下降平台来调平是不可能的事。最终还是席总工程师想出了用人力转动一、二号桩腿升降马达轴,使齿轮一点点向上移,促使平台复位的办法。据他说,在新加坡建造期间,升降系统尚未通电时,他曾看到工人用扭力扳手咬住升降马达轴,人力转动马达使齿轮在桩柱齿条上移动,现在不妨一试。席工程师安排其余六个人分为三组,每两人一把扭力扳手,轮换工作,先在一号桩腿试验,人力扳动马达轴转动,果然见效,随着齿轮在齿条上一毫米一毫米地向上移动,平台也慢慢向上移动。由于齿轮和马达的转速比很大,马达转动上万转,升降齿轮还转不了一圈,六个人不停地轮流旋转扭力扳手两个小时,平台才上升一英寸左右。午夜时分,一号桩腿处的平台面升到了同三号桩腿处平台一致的高度,大家用钢丝绳绷紧咬紧马达轴的扭力扳手和在桩柱与平台体的间隙中塞插钢楔块的方法制动,防止刹车失灵的马达转动使平台下滑。尽管大家已累得臂疼手软,但为了平台的安全,无人叫苦叫累,吃过夜餐稍事休息后,就去二号桩腿继续工作,一寸寸地把平台向上移,直干到次日八时左右才把平台调平。次日平台开始处理事故善后,借用了随平台为"南海一号"捎回的几箱升降马达刹车片,维修一、二号桩腿升降马达刹车装置。"勘探二号"很快恢复正常状态,将平台升高到钻井位置,平台人员投入紧张的技术培训和练兵之中。

2. 事故分析

从上述记录可以看出,勘探二号钻井平台发生升降事故的原因是:

(1)进行升降船的七名人员均没有受过升降船的专门培训,对"勘探二号"的升降系统不了解,最多是有几位人员在监造时看到过厂家的出厂试验。

(2)升降船之前,没有对升降系统进行全面的检验,如:测升降电机的电源,测升降电机的扭矩及调整等。

六、"勘探二号"钻井平台在石门潭井位重大海损事故

1. 事故描述

1983年11月3日,地质矿产部上海海洋地质调查局所属"勘探二号"自升式海上钻井平台,在东海南部温州以东海区石门潭构造钻探井位(东经121°44′14″,北纬26°56′00″)进行插桩、升台、压载过程中,发生1号桩腿突然深陷,导致平台倾斜,船艉直升机平台入水,桩腿严重受损的危急和重大海损事故。后经采取多种紧急措施,于当日排除险情,11月8日拖回锚地,幸无人员伤亡。1984年,"勘探二号"平台被拖到日本大阪日立船厂进行检验和修复,检修费用达10亿余日元。

1983年10月26日,"勘探二号"钻井平台由"德大号"从锚地起拖,29日晨抵工区。由于现场海况较为恶劣,平台在工区漂泊待机。11月3日06:00开始就位;08:20,平台桩腿沉箱着海底,实际插桩位置距原设计井位121 m,井位水深83.6 m;08:53,平台底离开海面,此时1、2、3号桩腿插桩深度分别为6.9、8.7和7.4 m,平台升高为4.5 m。在进行预压载准备后,09:35,平台开始压载;10:26,进入6个压载仓的压载海水量为504 t时,1号桩腿在3 s内突然下陷9.3 m,加上原插入深度共达16.2 m,致使平台倾斜达10°,船艉直升机平台入水6 m。现场领导除紧急动员全船人员保持镇

定,坚守岗位,奋力抢险外,当即采取了以下措施:立即排放压载水,因平台倾斜放不掉的,则用钻井泵抽出舷外;检查并关闭所有水密门、窗、舱口盖等,检查所有器材固定情况;降 2 号和 3 号桩腿处船体,升 1 号桩腿处船体,但因电机负荷太大,均未能奏效,暂时停止作业。

此时平台仍在继续缓慢前倾,到 12:10,倾斜加大至 12°,平台处于极度危险状态。12:20,平台召开紧急会议决定,再次采取以下措施:同意"德大号"解除拖缆;扫除各桩腿升降障碍,强行下降 2 号和 3 号桩腿处船体,使船体调平,以最小的损失保住平台和全船人员的生命安全;进一步做好水密工作;必要时分批撤离人员。

12:30,开始实施强行降台;到 14:20,开始将平台调平,船体平均吃水在 1.5~1.8 m,初步排除了险情。其后,继续割除阻挡升降的桩腿立柱被撕裂的围壁等障碍,边降船边拔桩,21:35,"德大号"重新接挂拖缆完毕;22:43,桩腿沉箱离开海底,平台恢复安全漂浮状态;至 11 月 4 日 03:00,安装好楔块后,终得解除险情。

经事故现场目测检查,平台主要损伤情况如下:1 号桩腿 A、B、C 立柱,2 号桩腿 B、C 立柱,3 号桩腿 B、C 立柱,在深度 113~54 m 范围内,各立柱钢围壁被严重挤扁、凹陷、裂缝和撕裂,立柱和齿轮严重变形;3 个升降室下导瓦大部分被挤扁、撕裂,上导瓦变形,下楔块导槽大部分被挤坏、撕裂,升降室部分支柱弯曲变形,升降装置框架变形、错位。主甲板局部隆起,船体发生变形。

事故后在该井位进行工程地质钻探表明,海底以下至钻探深度 37.7 m 的沉积物可以划分为三层:0~6.4 m 为暗灰色软泥;6.4~22.8 m 为暗灰色粉砂质泥,质软至硬,局部夹多层 10~20 cm 厚的中细砂层或透镜体,10.1~11.4 m 为浅灰色含贝壳碎片的中细砂;22.8~37.7 m 为硬实的暗灰色含贝壳碎片的中细砂。经对沉积物土力学特性测定后的工程评价为桩腿未压载的插桩深度为 9~10 m,4704 t 的压载插桩深度为 11~15 m,并提示 11.10~11.40 m 所夹的砂层可能引发突陷或穿透事故。根据实践经验,在已知此类地层结构的情况下,其事故防范措施为最大压载量应在 24 小时内缓慢均匀加压,并使桩脚箱在最大压载量以前均匀通过砂层。更重要的是在压载前,船体升离水面应根据当时的海况条件保持在最小的高度,以防在桩腿发生突陷事故时使之减轻对平台的损害。

2. 事故分析

(1)升船前未对该海域的浅层地质进行调查,事故后对该井位的浅层地质情况进行了钻孔调查,根据调查的情况返回来检查升船和预压载程序,显然预压载前的升船高度太高。因此该事故的教训应该是每口探井的井位升船前都应该进行浅层地质调查。

(2)由于没有浅层地质调查资料也就无法对浅层地质资料进行认真分析并作相应的预压载计算,根据分析和计算结果,采取相应的升降和预压载程序。

参考文献

陈登俊,2009.航海气象学与海洋学[M].北京:人民交通出版社.
徐邦祯,2011.船舶货运[M].大连:大连海事大学出版社.
中国船级社,2011.海上拖航指南[EB/OL].[2018-09-08].https://www.ccs.org.cn/ccswz/font/fontAction!article.do?articleId=ff80808137de736a0137e39c4039000b.